L'ART DE RECONNAITRE LES STYLES

Le Style Louis XVI

A LA MÊME LIBRAIRIE

OUVRAGES DE L'AUTEUR

L'Art du bon goût (Conseils esthétiques relatifs au mobilier, au costume, au geste, etc.).

Les Grands Maîtres de l'Art.

L'Art de reconnaître les styles

Le Style Empire (5e mille).

Le Style Renaissance.

Le Style Louis XIII.

Le Style Louis XIV.

Le Style Louis XV.

ÉMILE-BAYARD
INSPECTEUR AU MINISTÈRE DES BEAUX-ARTS

L'ART DE RECONNAÎTRE LES STYLES

Le Style Louis XVI

OUVRAGE ORNÉ DE 160 GRAVURES ENVIRON

PARIS
LIBRAIRIE GARNIER FRÈRES
6, RUE DES SAINTS-PÈRES, 6

A l'ami de mon Père,

à Lionel Laroze,

son dévoué

E.-B.

CHAPITRE PREMIER

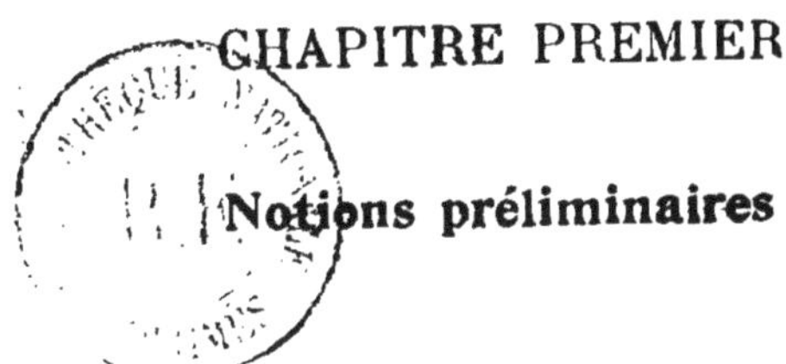

Notions préliminaires

Après l'ordre compressif de Louis XIV vint la réaction de la Régence et de Louis XV. A la gravité succéda la grâce; à l'ordre et à la majesté se substituèrent, dans la vie sociale comme dans l'architecture, le confort et le caprice. Ce fut le règne des femmes.

L'époque de Louis XVI forme la limite de ce mouvement. Le style Louis XVI marque la transition entre l'architecture des Bourbons et celle qui doit suivre. Il est caractérisé par un retour plus général vers l'antiquité qu'explique le penchant accusé chaque jour davantage vers les études sérieuses et les sentiments graves. « Un carrosse de chasse a emporté de Versailles le cadavre de Louis XV. Le trône d'un jeune souverain se lève dans une aurore. Tout est attente, et promesse, et signes favorables. Il semble que la Sagesse se hâte vers la Justice. Rêves, utopies, théories, systèmes, impatiences d'un âge d'or, s'empressent auprès de ce règne qui commence. Les économistes bercent la France d'illusions et d'additions; les philosophes l'enivrent d'éloquence et de phrases : l'imagination nationale s'ébranle vers l'avenir[1] ».

Aussi bien, les fantaisies « rocailles » de l'époque Louis XV s'immolèrent au nom du style Louis XVI sur l'autel de la Sagesse et de la Raison, à la suite d'une période de débauche d'esprit et de goût. Ce fut le régime après l'orgie, l'heure des philosophes et des encyclopédistes après celle du sourire, ce fut la réaction en un mot; cette réaction latente au cœur de l'homme, qui sabre aveuglément suivant ses dispositions ou ses caprices, au mépris de la gratitude du passé et de la beauté cependant éternelle.

Une soif de penser et de voir différemment, trouble l'être à un moment de sa vie, comme les générations au cours des siècles; il faut changer, et voici le goût soudain en contradiction avec l'art, les chefs-d'œuvre opposés aux chefs-d'œuvre sous les yeux amusés de la Nature toujours belle !

L'amour de l'art varie à la vision tout comme la passion humaine bat au cœur inégalement et, la littéra-

1. EDMOND et JULES DE GONCOURT, *Portraits du XVIIIe siècle.*

Fig. 2. — *Motifs décoratifs Louis XVI.*

ture aidant, le mouvement des idées diffère d'un temps à l'autre, autant par pur caprice que sous l'empire des mœurs opposées.

Maintenant, sous Louis XVI, il s'agit de réagir contre les mœurs dissolues et amollies précédentes, contre la grâce troublante et précieuse du boudoir, et l'image du classique apparaît vertueusement expiatoire.

C'est-à-dire que l'hypocrisie réactive — car les mœurs ne s'imprègnent d'austérité que dans l'ombre de l'éducation — va seulement prendre des ailes sur le flot des belles paroles nouvelles. Le snobisme, aussi éternel que l'ennui, fleurira le bâillement, pour faire échec aux précédentes frivolités, du moins débaptisera-t-on simplement ces frivolités.

De même que le baume endolorit les plaies, on se leurrera de littérature et de sophismes qui couvriront d'autres maux sous d'autres fleurs, et l'art se transformera à ces accents.

« Rien de grand (sous Louis XV) n'agrandissait les âmes ; mais toutes sortes de petites et agréables choses meublaient les têtes. La France était pays de comédie, d'opéra, de romans, d'historiettes et de bagatelle [1] ». Tandis que « l'État ne figurait guère plus dans

1. Edmond et Jules de Goncourt, *Histoire de la société française pendant la Révolution.*

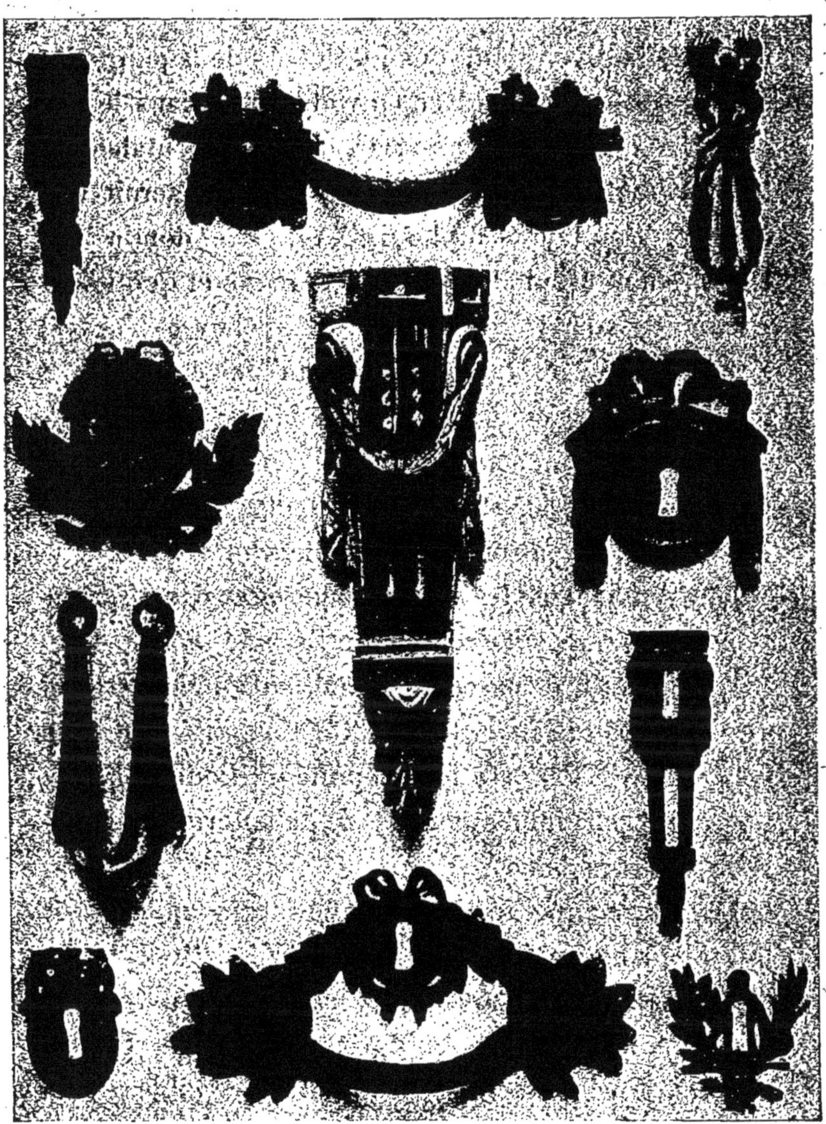

FIG. 3. — *Motifs décoratifs Louis XVI.*

la conversation que l'ennui » à l'époque précédente, l'idée de la révolution, sous les dehors de la politique, allait maintenant « entrer en victorieuse dans les esprits, les envahir, les asservir, chassant brutalement la conversation, comme une femme chasserait une fée » et, « au temps de Louis XVI, cette domination latente, non officielle, mais réellement et quotidiennement agissante (les philosophes, les encyclopédistes) a crû dans la volontaire abdication d'une cour purifiée mais sans éclat comme sans vouloir ».

Bref, la vertu, sous Louis XVI, régira la conduite morale comme les styles d'architecture et du mobilier solidaires, par une ligne droite symbolique.

L'antique reviendra d'exil sur un signe des réformateurs, on l'imposera comme un livre de piété.

Et pourtant, ce passé de maniérisme délicat auquel on voulut faire échec, toute cette amabilité frappante sous Louis XV, après la solennité de Louis XIV, ce pénétrant parfum d'amour et de galanterie, méritait-il un tel ostracisme?

Voyez avec quelle grâce la ligne fut assouplie, après la raideur majestueuse de Louis XIV! Cette ligne intransigeante sous le roi Soleil, image du col hautain, dédaigna les rondeurs en faveur des seules formes carrées. Fortes carrures des fauteuils, tables massives, vastes fenêtres, ampleur partout, généreuses dorures; point de concession à l'amabilité ni même au moelleux et au confort, dans ces sièges où l'on est durement assis.

Le siècle de Louis XIV n'est point celui de la femme, sa galanterie est plus cérémonieuse qu'émue; la splendeur est mâle et l'art n'a pas de sexe, ainsi juge-t-on au grand siècle.

Mais quel changement à la Régence et sous Louis XV!

Le geste s'est arrondi, la solennité a fait place au naturel, et, tout à l'entour, tandis que les hommes s'inclinent gracieusement devant les femmes, la ligne devient souple et caressante, elle s'incline aussi, ondule, tournoie, s'épanouit d'aise, enfin.

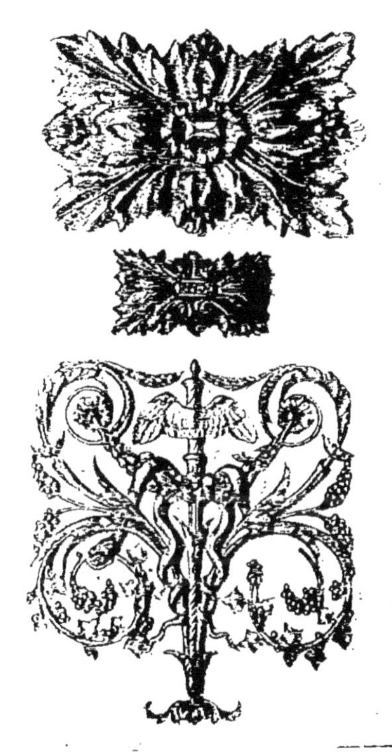

Fig. 4. — *Motifs décoratifs Louis XVI.*

Aux pompeuses tentures précédentes, sourient les frais lampas, les damas et les brocatelles semés de bouquets. Partout on ne voit que guirlandes de fleurs, qu'enlacement de feuillages, et les peintures et les sculptures ne chantent que l'amour ingénu, couleur de printemps.

Le décor où se meuvent ces personnages vêtus de satin aux tons langoureux, ces délicieuses poupées comme saupoudrées de sucre, les veut harmonisés à sa préciosité, et si madame s'asseoit, elle s'enfonce délicieusement dans une bergère. Pour recevoir la souplesse de son dos, la bergère a capitonné le sien, et les deux dos s'épouseront dans la ligne voluptueusement sinueuse.

De même, comme les arêtes vives du bois peuvent irriter la chair, la ligne du meuble en général s'est infléchie ; les bras des fauteuils semblent s'être arrondis à l'exemple du bras humain, tandis que les pieds, dans une torsade qui semble une révérence, se déroberont sous le siège.

Évidemment, la précédente majesté a dégénéré, mais quel artiste oserait reprocher aux époques de si parfaites contradictions ?

Louis XIV impose la symétrie, l'équilibre, et la Régence chavire les axes et les aplombs ; puis, si Louis XV adopte également le désordre charmant de la ligne, Louis XVI revient à la rigidité, mais combien cette rigidité sera éloignée de celle du roi Soleil !

Louis XIV était aussi lourd que Louis XVI sera léger, le premier était aussi mâle que le second sera

Fig. 5. — *Motifs décoratifs Louis XVI.*

efféminé. Tous deux seront graves, mais point de la même gravité. Ainsi les meubles sous Louis XVI seront plutôt menus et portatifs, tandis que sous Louis XIV la pesanteur est effective, et les meubles résistent au déplacement.

Aussi bien l'esprit antique revit seulement dans le style de Louis XVI, car nous savons en quel mépris le grand Roi tenait les « sauvageries » antérieures, et les beautés esthétiques qui se rattachent à ces deux époques n'ont d'analogue que la rectitude et la correction.

Quant à opposer la vertu du temps de Louis XIV à celle du temps de Louis XV — antithèse que l'idée de la ligne droite adoptée communément par les deux rois soulève — il n'y faut pas songer, et la tendance de l'art seule intéresse selon les diverses orientations de l'intellect.

L'art ne connaît que la morale du beau, et sa vertu est le chef-d'œuvre. Il serait aussi fastidieux d'opposer l'exaltation féconde de l'idéal, sous le long règne de Louis XIV, à l'esprit raisonneur, troublé dans son essor par le pressentiment de la tourmente révolutionnaire, de la courte carrière de Louis XVI.

La beauté ne se juxtapose pas, elle n'est pas non plus d'ordre confessionnel, et les vertus individuelles relèvent d'ailleurs singulièrement de la mode, à travers les siècles.

La vertu a des traditions variables, enfin, qui concernent la conscience et non l'esthétique. Voyez, les chefs-d'œuvre de l'art païen égalent ceux de l'art reli-

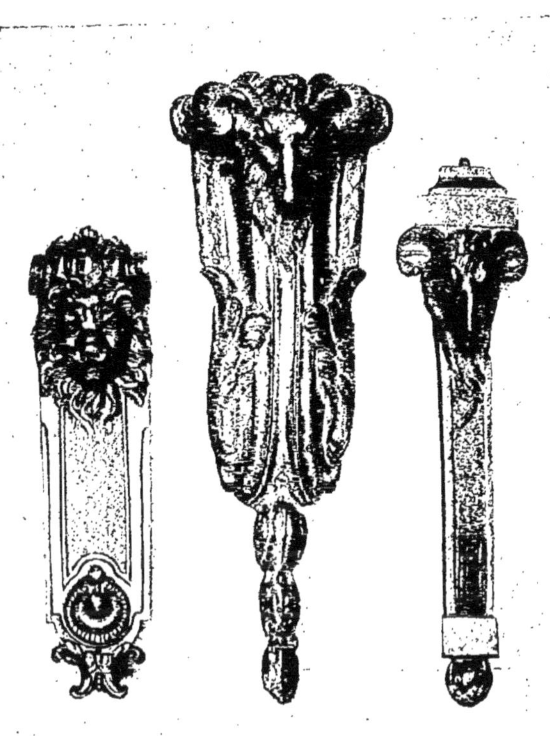

Fig. 6. — *Motifs décoratifs Louis XVI.*

gieux et les artistes leur concèdent une égale vertu.

Sans compter que certaine fausse vertu est laide, parce qu'elle déconseille la coquetterie qui est le luxe de soi-même, un souci d'art personnel. N'a-t-on pas dit que le visage était le miroir de l'âme, et ne serait-ce pas décourager les nobles sentiments intimes que de leur interdire de s'embellir physiquement?

Au surplus, peut-on affirmer que sous Louis XVI, les femmes — pierre de touche de la morale qu'elles régissent aidées par la littérature — furent plus vertueuses et surtout plus jolies dans le décor du fameux ébéniste Riesener (qui, d'ailleurs, en collaboration avec son maître Oëben, dessina le bureau du roi Louis XV) que dans celui des gracieux peintres Watteau et François Boucher? Non certes, mais c'est un pur effet de la réaction en rupture d'habitude, qui nous vaudra des visions nouvelles et, les régimes plats, les quiétudes de la politique, ont toujours desservi l'essor des artistes. Ce n'est que dans les idéals bouleversés que l'art puise un renouveau et qu'il tâche de raccorder, sinon d'innover, la beauté.

Les querelles esthétiques sont nobles et le luxe a tout à gagner aux controverses pour se renouveler artistiquement, quitte à se réconcilier dans le chef-d'œuvre.

Quant à la vertu, elle est d'acception élastique, les siècles l'ont bien prouvé ; il y eut toujours des mères et des sœurs dans les plus farouches décadences, et La Harpe fait judicieusement remarquer, à propos du grand titre de *siècle philosophe* dont se para le XVIIIe siècle, que ce sobriquet très ridicule, que cette sorte de contre-vérité, est « comme le nom

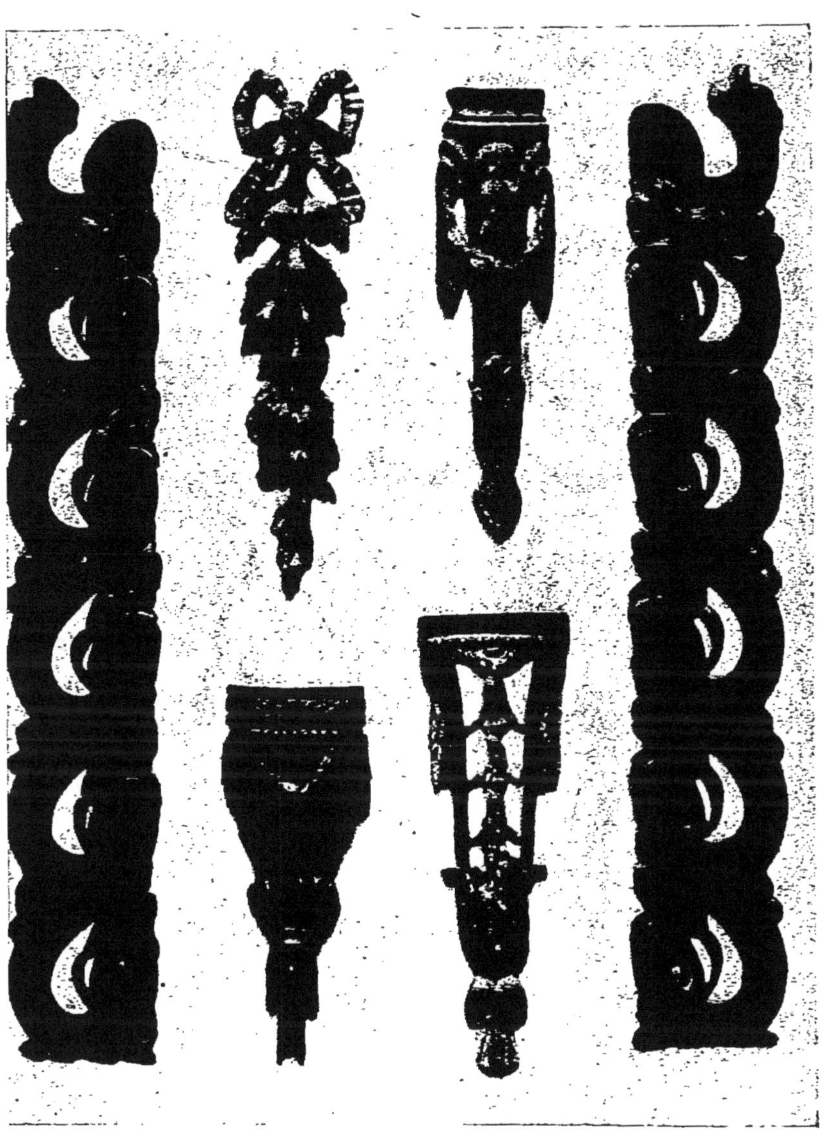

FIG. 7. — *Motifs décoratifs Louis XVI.*

des Euménides, qui par lui-même désigne la douceur et la bonté, et que les Grecs, peuple frivole et railleur, avaient imaginé pour les furies ».

Au reste, en ce qui concerne notre objet, nous nous en tiendrons à l'art, imperturbable parmi la fantaisie des hommes, non sans toutefois qu'il les flatte et qu'il les reflète, mais sans faillir aux lignes éternelles qui parlent longtemps après que les hommes sont morts.

L'éloquence de l'art, d'ailleurs, se suffit à elle-même, et voilà pourquoi on peut opposer franchement au goût antique, que le style Louis XVI ressuscita, le goût français des styles Régence et Louis XV.

Déjà le style Louis XV avait « maté » les contorsions de la Régence et si, à son tour, le style Louis XVI devait amender, classiquement, le Louis XV, après la Révolution qui brisa tout sans rien inventer, le style Empire s'empara de l'antique, carrément, n'ayant guère le temps que d'embellir, au goût de Napoléon, les indications grecques et romaines. Depuis, le ressassement des beautés antérieures a perdu le droit au nom de style, en attendant une rénovation naissante.

Si l'on remonte maintenant à Louis XIV, on remarque que, parmi les Bourbons, c'est l'époque du grand Roi qui a joui de l'autorité artistique la moins contestée et dont l'architecture offre le plus d'unité, nous ajouterions même : de caractère national, si le

Roi et la grande aristocratie pouvaient être considérés comme la nation, à une époque aussi avancée de la civilisation moderne.

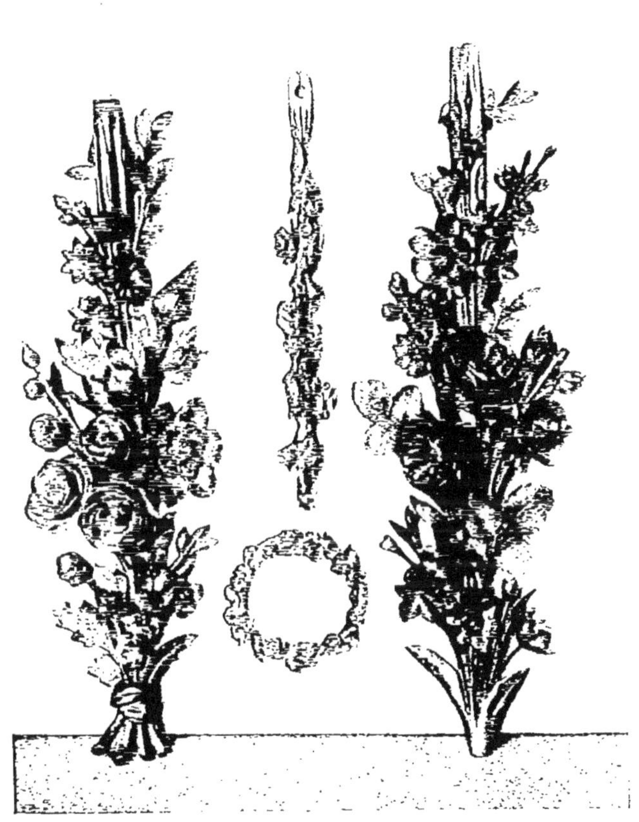

FIG. 8. — *Motifs décoratifs Louis XVI.*

Pas davantage que sous François Ier, l'architecture de Louis XIV ne revêt les formes d'un art *national*, à l'exemple des conceptions égyptiennes, grecques et gothiques, entre autres, sorties pour ainsi dire des entrailles de la nation elle-même, sans le concours constant et prolongé du peuple. L'architecture de Louis XIV, comme celles qui suivirent, réalisées sous le patronage des rois et des seigneurs, formées d'emprunts plus ou moins habilement juxtaposés et physiquement harmonisés, représentent plutôt un art *royal*.

Avec les Bourbons s'accuse l'influence des Flamands, dont le goût pour les formes alourdies (dont leurs femmes donnent l'exemple) est partagé par l'Espagne, alors si puissante, si riche, si dominante, et le style Louis XVI, enfin, marque la transition entre l'architecture des Bourbons et celle qui doit suivre, ou du moins qui aurait dû naître sur ses ruines.

Bref, les différents systèmes esthétiques d'architecture (et du meuble, par conséquent) demeurent esclaves des styles de l'antiquité jusqu'au XIIIe siècle, époque où l'originalité du style ogival ou gothique apparut et, sous la Renaissance, on opposa brillamment la beauté de l'architecture païenne, les chefs-d'œuvre de l'antiquité, précédemment condamnés par le christianisme, à l'architecture chrétienne de l'Occident.

Bien qu'elle se tournât brusquement vers l'antiquité, au mépris des tendances modernes qui avaient trouvé

Fig. 9. — *Motifs décoratifs Louis XVI*

leur expression dans des œuvres très personnelles, la Renaissance contraignit plutôt qu'elle ne convainquit Bramante et ses émules, vaincus malgré leurs efforts.

Il est vrai que l'imitation de l'antique, à laquelle s'étaient si génialement résignés Bramante et notamment Peruzzi, fut supplantée par un type gréco-romain lourd et dénaturé, tout comme l'indication classique — mais en somme originale — du style Louis XVI devait être écrasée par l'inspiration romaine singulièrement accommodée à la française, sous le premier Empire.

Ainsi s'énoncent les styles ; ils vivent d'emprunts plus ou moins habilement dosés, plus ou moins heureusement mêlés, et les génies qui succèdent aux autres génies profitent fatalement de l'expérience de de leurs aînés, sans démériter.

Il arrive même un moment où l'inspiration, malgré la force de ses artistes, est tarie, et cela se produit en architecture principalement, dont l'essor est limité à une logique constructive, à des exigences scientifiques. L'effet artistique d'une façade, par exemple, ne peut s'affranchir de l'utilité, des besoins du bâtiment. Tout dans une construction, doit avoir sa raison d'être, car l'extérieur commande à l'intérieur et réciproquement. Nos architectes modernes, d'ailleurs, partent de ce principe rationnel que dans leur art, l'esthétique et la pratique doivent se rencontrer toujours et ne se combattre jamais.

Ils prétendent, d'autre part, que les besoins sont

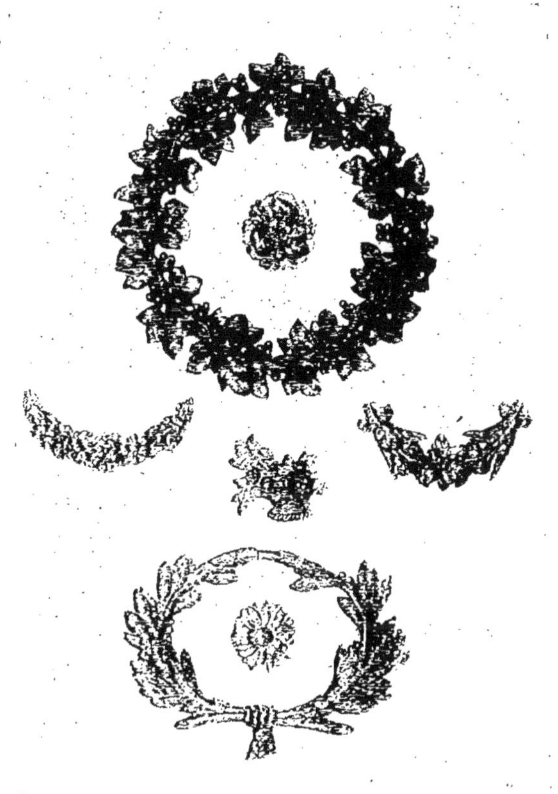

FIG. 10. — *Motifs décoratifs Louis XVI.*

satisfaits lorsque la forme et la formule esthétiques sont bonnes, non sans faire observer malicieusement, à l'appui de leur thèse, que l'on voit au Louvre des chambres éclairées par le bas, pour uniquement régner dans la façade, but objectif et intransigeant déterminé par le canon des anciens. Aussi bien les architectes d'aujourd'hui ont avant tout affirmé leur supériorité dans l'ingéniosité avec laquelle ils harmonisèrent l'hygiène à la commodité, et il convient de les juger plus tard comme créateurs, lorsque le renouveau dont ils nous bercent déjà agréablement sera au point.

En matière de meuble, l'exemple hallucinant du passé rend particulièrement malaisée la tâche des novateurs. Si les anciens méconnurent le côté pratique et hygiénique de leurs habitations qu'ils abritèrent d'abord somptueusement, il n'en est pas de même de leurs meubles qui se perfectionnèrent sans cesse.

Où trouver des sièges et des lits plus douillets que sous Louis XV, par exemple ?

L'essor inventif dès lors, est des moins aisés et, tout effort d'originalité, en dehors du confort et de l'utilité, est condamné à l'avance.

Tout comme en architecture, l'art du mobilier solidaire est donc borné dans sa fantaisie. Le passé a épuisé l'expérience des formes pour arriver à ce confort, et ce n'est pas en retournant en arrière que le progrès naîtra.

Il semble, d'autre part, que l'individu à travers les âges a modelé à son habitude, à son corps plutôt qu'à ses mœurs, tout ce qui lui appartient. Car les mœurs ne varient guère de siècle en siècle, à partir d'une cer-

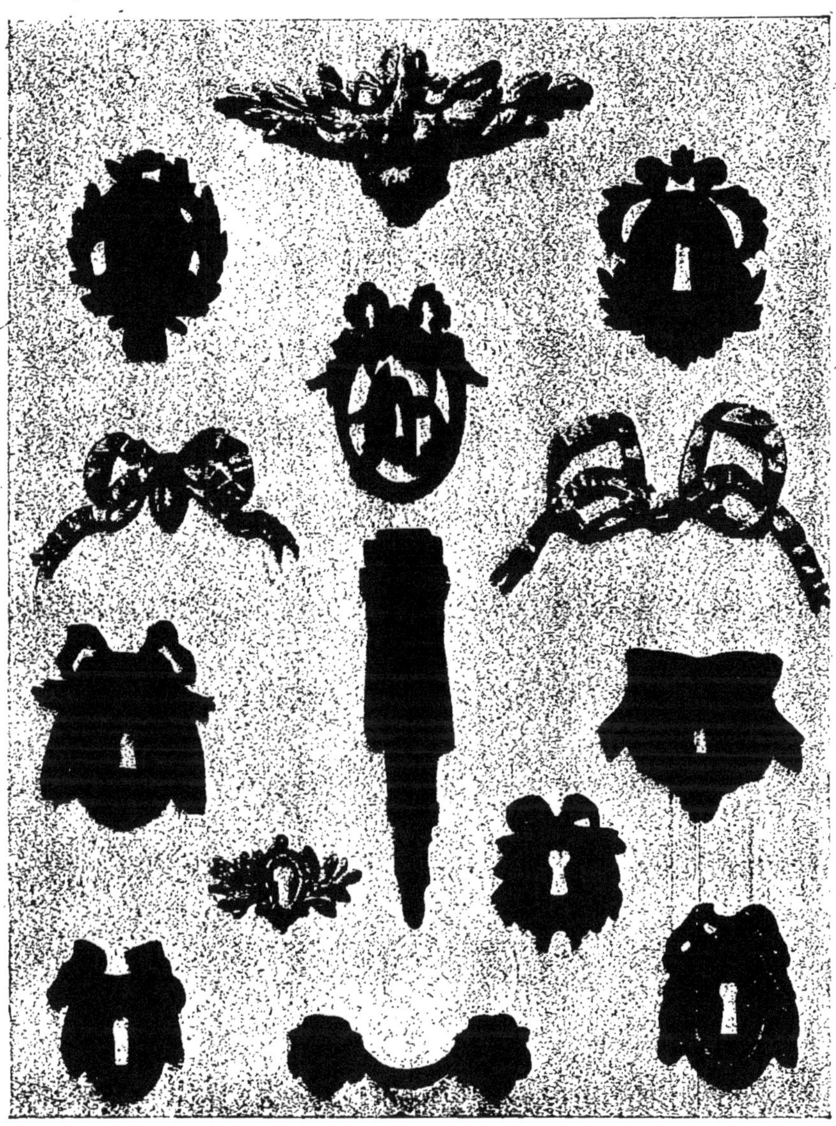

FIG. 11. — *Motifs décoratifs Louis XVI.*

taine civilisation, si ce n'est à travers les acceptations contradictoires de la mode (et encore la mode revient-elle éternellement à son point de départ) et selon des usages, des manières, bien vite surannés.

Mais l'art ne ieillit pas; les chefs-d'œuvre de la littérature, de la peinture, de la sculpture, de l'architecture et du mobilier, de la musique, l'attestent.

Le chef-d'œuvre se doit, après tout, d'être un modèle et, ce n'est pas notre faute si le passé hallucinant rend plus difficile l'essor de notre génie.

Quant à l'improvisation d'un *modern-style* qui fleurit de nos jours, rien que sa floraison instantanée nous est suspecte. Tout au moins sa prétention au style choque-t-elle l'idée logique des éléments séculaires concourant à la formation du style que le recul seul des années a discerné.

La Harpe, à propos encore de l'épithète présomptueuse de *siècle philosophe* dont se sont parés les écrivains du XVIIIe siècle, depuis Voltaire jusqu'à Mercier, écrit judicieusement [1] : « C'est elle (la postérité) qui caractérise les siècles, en recevant leur héritage, et en jugeant leurs monuments. C'est la France, c'est l'Europe entière qui a reconnu, d'une commune voix, le long règne de Louis XIV comme une époque de supériorité dans tous les arts d'imita-

1. *Lycée ou Cours de littérature ancienne et moderne.*

tion, dans tout ce qui fonde et embellit l'ordre social. Mais nous ne voyons pas que les écrivains qui l'ont illustrée aient pris sur eux de devancer l'âge suivant, en qualifiant le leur de *siècle de génie* : c'est du nôtre

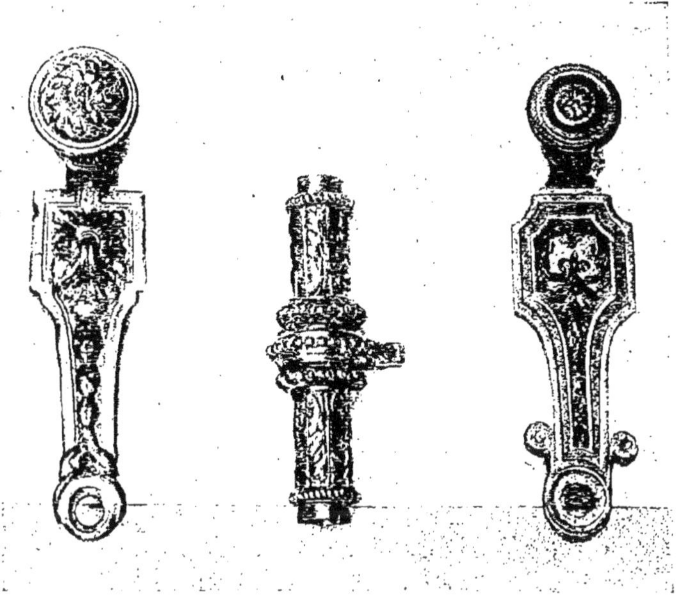

FIG. 12. — *Espagnolettes Louis XVI.*

qu'il a reçu ces titres glorieux de *grand siècle*, de *beau siècle*, que personne ne lui a constestés. On ne voit pas non plus que celui où fleurirent les Socrate, les Sophocle, les Euripide, les Platon, les Aristote, se soit nommé lui-même *philosophe ;* et c'est aussi l'Europe moderne qui, depuis la renaissance des lettres, a consacré, par son admiration unanime et constante, les siècles de Périclès, d'Auguste et de Léon X... »

Or, notre « modern-style », dont on doit encourager les tentatives d'ailleurs ingénieuses et souvent remarquables, est sans doute dans la voie d'une inspiration originale, mais il ne faudrait point d'ores et déjà se reposer sur une base aussi chancelante malgré sa prétention.

Fig. 13.
Chute Louis XVI.

Nous reviendrons ensuite, à notre récapitulation du système des styles — nous en étions resté à la Renaissance.

Donc, après Louis XIII, heure grave où la ligne égarée fut rappelée à la sobriété, le style de Louis XIV aboutit orgueilleusement à la négation des génies précédents. Puis vinrent les époques Régence et Louis XV qui accentuèrent la précédente latitude et se complurent à une morbidesse délicate et charmante, à une fantaisie qui n'était rien moins que française.

Nous voici maintenant de retour, avec le style Louis XVI, à l'exemple antique ; l'exposé des manifestations qui le précédèrent, s'imposait en tête de notre travail.

S'il est agréable d'observer les thèmes savoureux adaptés de l'antique, il n'est pas moins piquant de remarquer que le retour à l'antique, par goût d'austérité — en dehors de la Renaissance, des styles

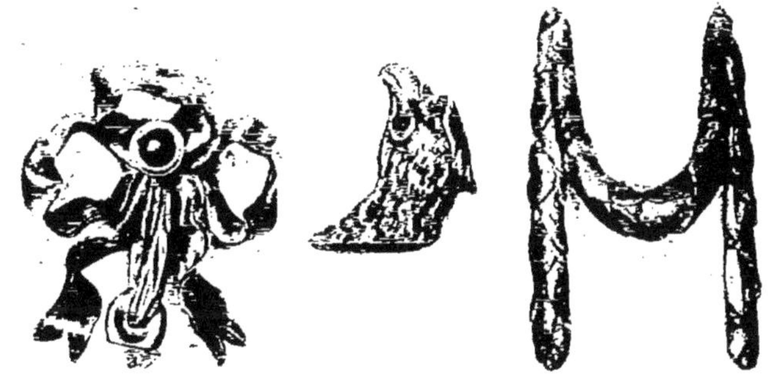

FIG. 14. — *Motifs décoratifs Louis XVI.*

Louis XIII et Louis XVI, supérieurement accommodés par les artistes — marque singulièrement la débâcle de quelques régimes.

C'est la Révolution décapitant Louis XVI ; c'est le premier Empire détrôné par la Restauration, c'est le second Empire renversé par la seconde République. Et, chacun de ces régimes, le premier rénovant l'antique avec talent, le second l'adaptant spirituellement et les autres le dénaturant, par une singulière coïncidence, marchent à leur ruine !

L'exemple des nobles luttes artistiques, en dehors de la politique, celle notamment qui mit aux prises les classiques et les romantiques, sans départager leurs chefs-d'œuvre, interdit de supposer cependant que l'hallucination du glorieux passé antique —

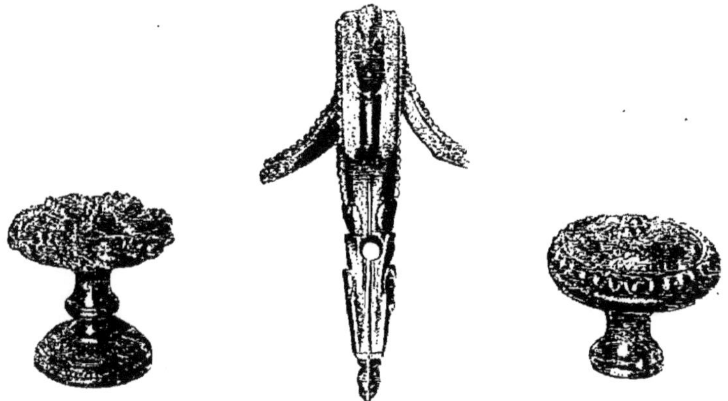

FIG. 15. — *Motifs décoratifs Louis XVI (Chute, Boutons de portes).*

symptôme en principe, d'une faiblesse inventive — est en rapport avec d'autres défaillances à la merci des réacteurs.

D'autre part, pour en revenir à l'antique, synonyme d'austérité dans les styles, il est bien évident que l'art n'a aucun lien avec la vertu, en dehors de sa communion idéale avec le bien, et la Grèce, Rome (pas davantage que l'Orient) ne brillèrent pas par la gravité des mœurs, loin de là. L'art même, autrefois

FIG. 16. — *Chutes Louis XVI.*

à Byzance fleurit sur une décadence, et pourtant voici les pures sources antiques où s'abreuvèrent les farouches réformateurs !

Il est vrai que ces derniers comptaient sur le génie des artistes dont l'indépendance sut assez respecter les illustres exemples pour s'en affranchir ; du moins en ce qui concerne, entre autres époques, celle que nous allons examiner.

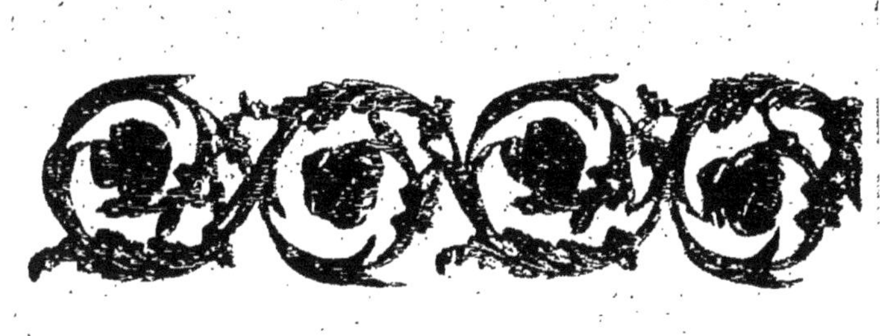

CHAPITRE II

Considérations générales sur le style Louis XVI

L'œuvre des artistes, interrompu par les uns, est repris par les autres tour à tour ; il s'ensuit que nous assistons à des styles baroques, à des styles de fin de siècle, de transition, etc.

Aussi bien un grand nombre d'artistes sont pour ainsi dire « à cheval » sur plusieurs époques ; il y en eut de si brèves, comparativement aux longs règnes de Louis XIV et de Louis XV, jusqu'à l'avènement de la seconde République ! Avec quelle rapidité, en somme, la Révolution succéda à Louis XVI et le premier Empire à la Révolution !

De telle sorte qu'en architecture, qu'en peinture, qu'en sculpture, qu'en ébénisterie, etc., l'énumération des styles ne correspond pas, le plus souvent, à l'ordre chronologique, surtout aux époques précipitées que nous venons de dire.

C'est le cas notamment du Panthéon (église Sainte-Geneviève à Paris), commencé par Soufflot (1709-1780), sous Louis XV et terminé vers 1790, par Rondelet; c'est le cas de l'École de médecine, à Paris, due à Gondouin (1737-1818), pour l'architecture. En

FIG. 19. — *Motifs décoratifs Louis XVI.*

sculpture J.-A. Houdon (1741-1828), en peinture L. David (1748-1825), et combien d'autres, sont témoins de plusieurs régimes et la classification de leur art importe moins, après tout, que la date de leurs chefs-d'œuvre caractéristiques.

Ainsi J.-A. Houdon (de même que Greuze, 1725-1805) personnifie-t-il essentiellement l'esprit du règne de Louis XVI (d'ailleurs, la Révolution, en mettant à l'écart la délicatesse de son génie, le lui fit bien sentir, et Greuze n'échappa pas davantage à la réaction im-

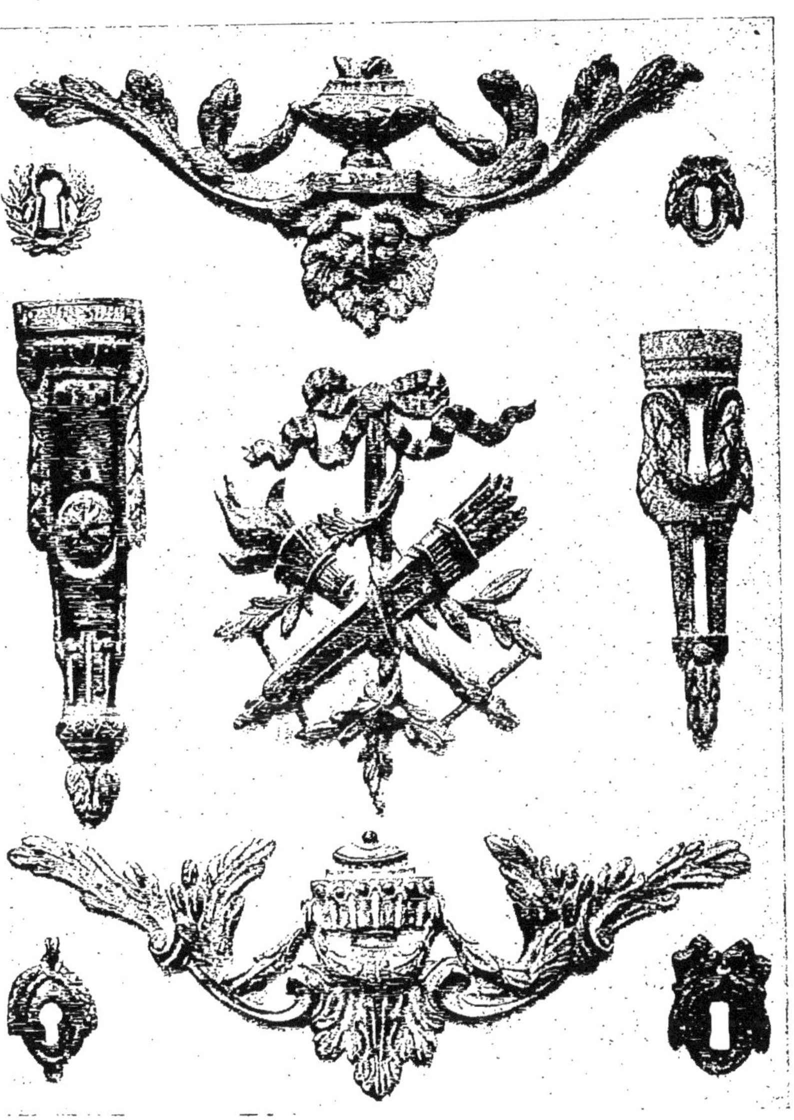

FIG. 20. — *Motifs decoratifs Louis XVI.*

pitoyable des enthousiasmes); qui oserait enfin séparer Louis David de Napoléon Ier ?

Du côté des ébénistes, même anomalie. Toutefois le style du mobilier s'imprègne davantage du goût d'une époque, il enregistre d'une façon plus brusque et plus sensible les tendances d'un régime, ce régime fût-il même des plus momentanés. Voyez le style Directoire, caractéristique en plein style Empire, voyez le style Empire décrété par Napoléon Ier.

Il n'empêche que Riesener, élève de Oëben, marquera aussi parfaitement son génie, dans deux formules différentes, sous Louis XV et sous Louis XVI, bien que le maître se réclame davantage du règne de Louis XVI, et il ne faut pas oublier encore que les merveilleux ciseleurs du premier Empire avaient été formés sous le précédent régime.

Dans l'énumération des styles, répétons-le, l'ordre chronologique surprend singulièrement les artistes en leur tâche et, quand on songe au grand nombre de ceux qui, contemporains des deux monarques, estampillèrent de leurs marques Louis XVI les meubles de l'époque de Napoléon Ier, il est permis de concevoir des doutes sur les décisions des experts.

C'est Papst, c'est Michel-Charles-Jacques-Urbain Lemarchand, c'est Alexandre, c'est Simon Mansion, c'est Jean-Antoine Bruns, ébénistes ; c'est le célèbre orfèvre Thomire et tant d'autres dont la longue car-

FIG. 21. — *Le Petit Trianon* (façade sur le jardin), par Gabriel.

rière embrasse à la fois les deux règnes, travaillant docilement dans le goût du vainqueur d'Iéna après avoir servi le caprice de la première victime de la Révolution.

On a constaté que les plus belles pendules de style Empire avaient été exécutées sous Louis XVI; cela prouve la délicatesse transitive des deux manifestations qui, en somme, procèdent l'une de l'autre, d'après le modèle antique plus ou moins équitablement transfiguré.

Mais on sent déjà la décadence des styles dans cette équivoque. Les conceptions du Louis XVI, néanmoins, tranchent nettement sur celles du Louis XV; c'est là un signe de force. Le Louis XVI est une adaptation distinguée, un compromis grêle et élégant de la donnée classique, son originalité est évidente, tandis que le caractère du style de Napoléon Ier vise à la solennité du Louis XIV et il n'en réalise que la pesanteur.

Au surplus, le style Empire copie les meubles grecs et romains, Napoléon couche sans vergogne dans le lit de Brutus, alors que Louis XVI rougirait d'une telle compromission.

Il n'y a donc point à se méprendre sur le meuble, bien propre à chacun de ces styles, mais nous n'en dirons point autant des petits objets d'orfèvrerie qui, maintes fois, déroutent le connaisseur.

Il n'empêche que l'énigme des styles de transition,

Fig. 22. — *Escalier du Petit Trianon* (palier du premier étage).

des styles chevauchants, est passionnante à déchiffrer[1]. Par un rien, l'artiste s'est trahi. Comme à son insu, il a été impressionné à la fois par deux courants d'esthétique, et il mêle harmonieusement, souvent, cette double expression.

C'est le cas du bureau-secrétaire de Louis XV auquel travailla Riesener (au musée du Louvre) en compagnie d'Oëben, où certains détails, comme la galerie et le motif de la moulure (ruban), dans la partie supérieure du meuble, laissent percer le Louis XVI sous le style cependant bien Louis XV.

Quelle singulière et pénible destinée que celle de Riesener ! Riesener triomphant à la fois sous Louis XV et sous Louis XVI, dédaigné par Napoléon auquel sa souplesse artistique eût sans doute procuré l'aubaine d'un pur style (il s'était bien déjà métamorphosé deux fois, pourquoi n'aurait-il pas transformé son talent une troisième fois ?), consuma ses dernières années dans l'inaction.

Napoléon Ier aurait préféré à un de ses chefs-d'œuvre l'armoire à bijoux que Jacob Desmalter exécuta pour l'impératrice Marie-Louise ; mais ce dédain inexplicable n'est rien à côté de celui dont Gouthière, l'incomparable ciseleur de l'époque de Louis XVI, fut victime.

1. Voir au chapitre XI les observations sur les styles de transition, qui concernent certaines de nos gravures.

Gouthière mourut dans la misère, à l'hôpital ! Le grand artiste n'eut pas le don d'émouvoir le « petit

Fig. 23. — *Départ de la rampe de l'escalier du Petit Trianon.*

Caporal » point davantage, d'ailleurs, que Louis XVI auparavant n'avait pu toucher le cœur de Louis David.

Au 10 août, comme ce pauvre Louis XVI ne reconnaissait aucune figure amie parmi les conventionnels, il aperçut tout à coup son premier peintre : « Eh bien ! David, lui demanda-t-il d'une voix émue, quand finissons-nous mon portrait ?

— Je ne finis pas le portrait d'un tyran ! » répondit durement l'auteur de *Brutus*.

Et David votera avec Lepelletier de Saint-Fargeau la mort de « Capet » et sera l'ami de Marat pour devenir ensuite le courtisan de Napoléon, après avoir siégé sur les bancs de la Convention.

A côté de la souplesse de l'art d'un Riesener servant merveilleusement deux régimes opposés, c'est là, de la part d'une conscience d'artiste, un exemple de souplesse moins savoureuse. Il est vrai que quand David se mêle d'être intransigeant, il se montre sous une autre forme non moins détestable. C'est lui qui répondra à Carle Vernet, venu pour supplier son collègue, dont la haute influence aurait pu efficacement intervenir, de sauver la tête de sa sœur mariée à l'architecte Chalgrin, arrêtée comme suspecte : « J'ai peint Brutus, je ne solliciterai pas Robespierre ! »

Et Mme Chalgrin sera exécutée malgré les implorations de son frère... Mais autant en emporte le vent du génie ! Et Louis David, peintre des *Sabines* (formule doctrinaire) est aussi le peintre du *Sacre* (formule vivante) ; ainsi l'œuvre comme l'homme est-il à double face.

Louis David, petit-neveu de François Boucher.

Fig. 24. — *Escalier du Petit Trianon* (vestibule).

s'écriera, avant de suivre les conseils de Vien, « le restaurateur de l'art » : « N'est pas Boucher qui veut ! » et, en même temps, il partira en guerre contre le peintre de Cupidon.

Et la réponse du grand-oncle sera de faire agréer à l'Académie son impitoyable adversaire !

Aussi bien l'instabilité des enthousiasmes devait venger plus tard F. Boucher, l'école réactive de David se brisa en la personne de Ingres, digne continuateur du classicisme, contre l'école romantique représentée par Géricault et par E. Delacroix.

Les manifestations artistiques procèdent, non au nom du progrès, car les chefs-d'œuvre se valent, mais au nom des acceptions capricieuses de l'idéal à travers les courants de la mode et de l'esprit momentané.

Ainsi, à l'époque qui nous occupe, l'influence de la littérature ramena l'art à la sévérité et, comme nous le disions plus haut, c'est vers l'antique que l'on se tourna.

L'antique jouit de cette vertu singulière de tendre la perche au génie essoufflé ; ses mœurs bénéficient alors d'une curieuse immunité. L'antique est l'évangile des timides, et on bombe soudain le thorax à l'évocation des héros d'Homère ; on a retrouvé l'aplomb défaillant à la vue d'un débris du Parthénon !

Nous savons, par la précédente récapitulation des

styles, la haute assistance que l'antique leur prêta, mais nous n'ignorons pas davantage avec quelle flamme ils s'affranchirent et brodèrent sur leur glorieux modèle.

Nous n'avons pas oublié, d'autre part, la faillite qui, par une singulière coïncidence, guette au détour de

Fig. 25. — *Palais de Bagatelle*, par Bellanger.

leur apparente ou réelle indigence imaginative les styles esclaves de l'antique.

Nous rappellerons maintenant qu'entre le style rocaille et le style Louis XV, il y eut un instant place pour un style Pompadour, et c'est une courtisane qui battit le rappel à l'art discipliné, au grand art comme aux grandes lignes et à leur pureté !

Au moins, sous Louis XVI, le retour vers l'antiquité avait été prêché par Jean-Jacques Rousseau, mais que penser de la Pompadour implorant Phryné !

« Depuis quelques années, écrit Grimm en 1761, on a recherché les ornements et les formes antiques; le goût y a gagné considérablement, et la mode en est devenue si générale que tout se fait aujourd'hui à la grecque. La décoration intérieure et extérieure des bâtiments, les meubles, les étoffes, les bijoux de toute espèce, tout est à Paris à la grecque. Ce goût a passé de l'architecture dans les boutiques de modes... »

Et, de fait, la marquise de Pompadour inaugure les meubles *à la grecque* pour réagir contre l'art convulsionné de la Régence.

Si Boucher fut son peintre, elle apprend à dessiner avec le sculpteur Bouchardon, le moins maniéré des artistes de son temps, et c'est Gay, enfin, qui lui montre à graver des camées dans la manière antique.

Mais, comme la fantaisie, l'étrangeté même, si chères à l'époque de Louis XV, ne veulent point abdiquer complètement devant la lubie d'une manifestation antique, le décor chinois figure de pair avec le grec encore timidement essayé ; ces « magots » que Louis XIV ne toléra sur ses vieux jours que sous le pinceau de Watteau, secouent un moment leurs nattes et leurs grelots à la barbe des héros d'Homère.

D'ailleurs, sous Louis XV, l'art est comme les mœurs, déréglé, et l'antique, prôné un instant par la Pompadour, n'est qu'un accès de vertu emporté dans le tourbillon des folies.

Poursuivons donc. Diderot sonne maintenant le

FIG. 26. — *Palais de Bagatelle* (musée).

glas : « Les modernes n'ayant d'autres projets que d'imiter servilement les anciens, ont tout gâté, tout perdu » ; mais le branle est donné, on n'attend plus que l'occasion du génie pour brûler ce qu'on a adoré ; c'est dans l'ordre des choses et, dégringolant d'antique en antique, les styles se sont tués.

Aussi bien le style Louis XVI, répétons-le, a su conserver son originalité malgré sa tendance rétrograde. Il marque la limite de l'interprétation distinguée, il demeure français, tandis qu'après, sous le premier Empire, le gréco-romain est seulement apprivoisé pour quelque temps à nos mœurs.

L'histoire de la peinture, inséparable de l'antique (nous prenons particulièrement cet art comme exemple à cause de la couleur plus favorable) qui représente l'idéal classique, nous fournit la preuve d'une nature contrainte, en dehors de la vérité. Pour Nicolas Poussin, au XVIIe siècle, la beauté est exclusivement antique, les fenêtres de son atelier donnent sempiternellement sur la Grèce ou sur l'Italie. Voici un génie paralysé. David partagera cette obsession, mais néanmoins avec quelques échappées superbes vers la vie (*Portrait de Mme Récamier*, le *Sacre*, entre autres). Le maître se permettra enfin deux faces d'expression, l'une doctrinaire pour complaire au « grand art » selon la formule consacrée, l'autre affranchie, et cette dernière, seule, n'a pas vieilli.

Prud'hon, lui, bien qu'il ait subi un instant le joug du peintre de Napoléon, de même que Le Sueur (au XVIIe siècle) étudia seul, ne suivit aucune trace et arriva au génie sans presque le savoir. Il ne fut ni grec ni romain, il fut simplement de son temps, et toute sa gloire éternellement jeune vient certainement de là.

Mais, d'autre part, si l'on s'écarte trop du style des

récurseurs, de leur probité surtout, on risque de vagabonder, et l'impressionnisme cher à nos jours ne

Fig. 27. — *Ancienne Barrière de la porte Denfert*, par Ledoux.

puise son originalité que dans une regrettable indépendance qui étonnera le badaud sans convaincre le véritable connaisseur.

Aussi bien, sous Louis XVI, l'art ne fut pas seulement tempéré en ses audaces vers l'invraisemblance par les philosophes, les archéologues s'en mêlèrent.

Le comte de Caylus entreprit la publication de recueils de peintures antiques « pour donner aux artistes quelques idées des belles formes et leur faire sentir la nécessité d'une précision dont le prétendu goût d'aujourd'hui et le faux brillant de la touche ne les écartent que trop souvent », et François Boucher reçut ainsi le coup de pied de l'âne du médiocre Vien, placé à la tête de la nouvelle école. Vien, le maître de L. David qui, à ses derniers jours, devait confesser avec plus d'amertume que de malice : « J'ai ouvert la porte ; David l'a poussée » en faisant ainsi allusion au véritable réformateur de la fantaisie précédente.

Nous n'oublierons pas aussi, parmi les chefs du mouvement réactif : Watelet, l'auteur de *l'Art de peindre* (1760) et des *Réflexions sur la peinture*, Watelet, qui contribua, d'autre part, avec son *Essai sur les jardins* (1774), ainsi que Delille (*Jardins*), à répandre en France le goût des jardins paysagers dont nous parlerons plus loin.

D'autre part, c'est le peintre Dandré-Bardon exaltant le costume antique, avec plus de foi que d'exactitude, c'est le graveur Charles-Nicolas Cochin publiant ses *Observations sur les antiquités d'Herculanum*, c'est Winckelmann et Lessing, à l'étranger enfin, le premier avec son *Histoire de l'Art*, traduite en notre

G. 28. — *Grand escalier du Théâtre de Bordeaux*, par Victor Louis.

langue en 1766, le second avec le *Laocoon*, qui poursuivent âprement la réforme, à la suite, il faut le dire, des œuvres d'architecture.

Aussi bien, pour conclure, nous admirerons sous Louis XVI, un mensonge délicieux d'après la nature, — cette nature que l'on feignit de découvrir alors, à la remorque de Roucher, l'auteur des *Mois*, de Saint-Lambert, qui écrivit les *Saisons*, de Delille, rénovateur des *Géorgiques* de Virgile. — et la morale de ce temps, en somme, n'est qu'un masque séduisant à peine antique.

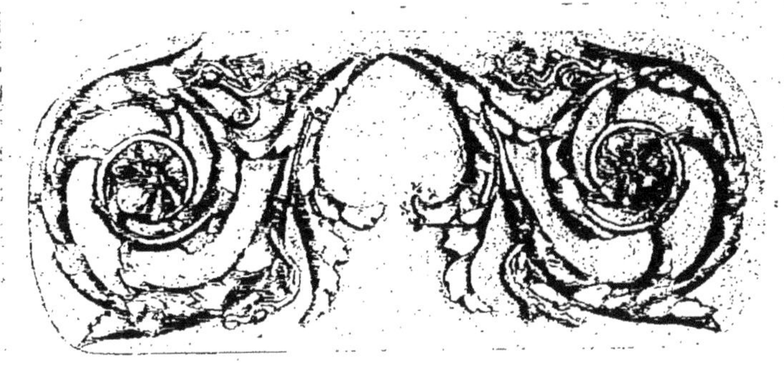

CHAPITRE III

Louis XVI, Marie-Antoinette et l'esprit de leur temps

Au temps qui nous occupe, la science et la philosophie triomphent : c'en est fait de la fantaisie. L'abus de l'esprit et du raisonnement succédant au seul souci de l'idéal, on retourne avec Jean-Jacques Rousseau vers la nature que l'on semble seulement découvrir.

« C'est à Jean-Jacques Rousseau, écrit H. Havard dans les *Styles* (les *Arts de l'Ameublement*), qu'on doit surtout faire honneur de cet état d'esprit. L'enthousiaste accueil fait à ses principaux ouvrages, et surtout à sa *Nouvelle Héloïse*, opéra des miracles dans ce monde léger et frivole, sans convictions, sans croyances et sans mœurs. Il provoqua un retour sinon à la vertu, du moins à un état social moins factice et moins dissolu, en un mot s'inspirant davantage des lois naturelles. « Chaque homme voulut devenir Saint-Preux, Volmar, milord Edouard, et toutes les femmes se crurent Claire ou Julie. » Nourrir ses enfants devint à la mode chez les plus grandes dames, et coûta la vie à nombre d'entre elles, chez lesquelles la santé ne répondait pas aux élans d'un « cœur sensible ». « Nous avions demandé tout cela, écrivait Buffon, mais M. Rousseau seul le commande et se fait obéir. »

Si tout le romantisme français, fondé sur l'émancipation du moi, est venu de Rousseau, le philosophe génevois, en déclarant la nature souveraine dans l'ordre du sentiment comme dans l'ordre social, basé sur un contrat respectant les droits de tous, inaugura simplement la Révolution française, et il est piquant de constater avec quel touchant accord la noblesse de cette seconde moitié du XVIIIe siècle marcha à la guillotine.

Cependant, car il y a toujours des contradictions dans tout système, l'éveil de la sensibilité aux accents de la poésie rêveuse et mélancolique à la mode, se borna bourgeoisement à la nature cultivée, sous la forme du *jardin* qui bannit tout le pittoresque de la nature en liberté. Le jardin était le centre symbolique de ralliement des sentiments éperdus, la retraite des cœurs.

Si, sous l'influence de Le Nôtre, la nature s'était

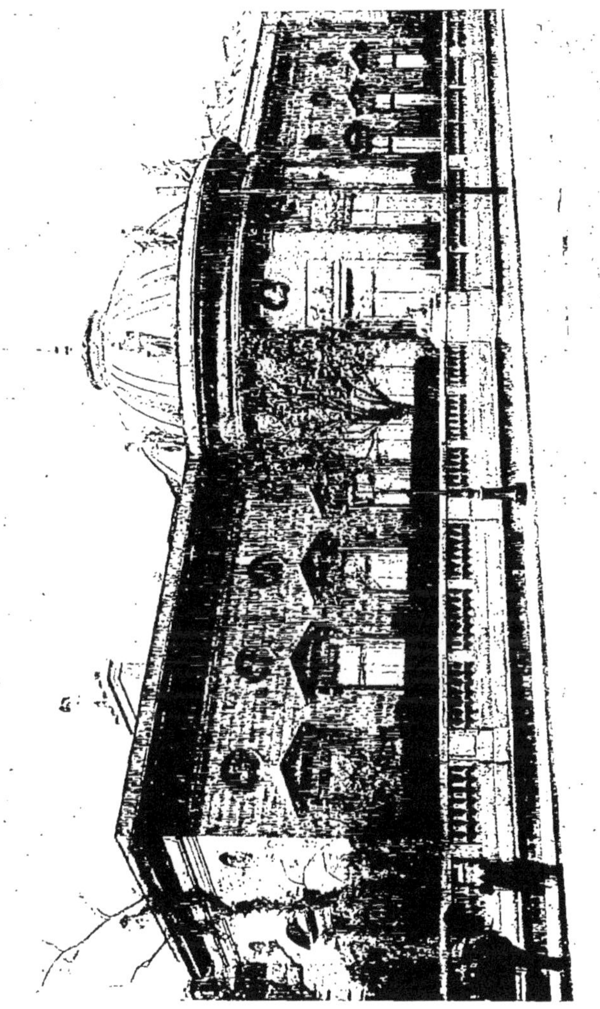

FIG. 31. — *Palais de la Légion d'honneur*, par Rousseau.

inclinée, si les ifs avaient connu autrefois les jardins à la française, les formes d'ailleurs plutôt niaises que d'impitoyables ciseaux leur donnaient, ainsi que les grandes charmilles et les bordures de buis symétriquement rasées, il fut de bon ton, sous Louis XVI, d'applaudir à une nature sinon plus libre, du moins moins tyrannique.

FIG. 32. — *L'Accordée de village*, par J.-B. Greuze.

Sentez-vous naître le sentiment d'indépendance qui sera plus tard fatal au régime? On redoute encore la liberté des champs, on n'autorise que l'illusion du désordre de la nature.

Tyrannie, désordre, liberté, révolution!

Bref, on inaugure les jardins chinois que nous avons depuis surnommés anglais : les fameux jardins de Trianon peuvent être regardés comme les modèles du genre. Ce Trianon, « le *chez-soi* intime, ce joujou de reine » dont on a fait un si gros grief à la reine Marie-Antoinette!

Et voyez combien ces jardins sont factices avec les

Fig. 33. — *La Tempête*, par J. Vernet.

petits ruisseaux qui les sillonnent, semés de ponts rustiques ; avec leurs chaumières en simili et leurs bosquets artificiels!

Or, le système qui consiste à reproduire dans les jardins les accidents de la nature et la variété présentée par les points de vue pittoresques de la campagne, fut salué comme l'avènement de la vérité même.

En tout cas, cet « aménagement » de la nature correspond singulièrement aux simagrées de l'heure, et les arts, à l'envi, refléteront cette tentative de renouveau basée sur un délicieux compromis.

FIG. 34. — *Le Bénédicité*, par Chardin.

Clodion, le Boucher de la sculpture, sourira à côté de Pajou « le restaurateur de la sculpture » et Greuze qui s'avisa, selon Diderot, « de donner des mœurs à la peinture », n'éveille point toujours, dans ses tableaux vertueux, l'image de la vertu, et sa naïveté, alors tant prônée, n'est point davantage sincère.

Le mensonge du jardin vis-à-vis de la nature est en harmonie avec l'image ambiguë de la vertu.

Fig. 35. — *Tombeau du maréchal de Saxe*, par Pigalle.

A côté du jardin, deux mots du salon.

« Il est dans la succession des sociétés, des siècles

corrompus qui désarment les sévérités de l'histoire par la politesse des vices et la grâce de la décadence. De ces déclins d'empire misérables et plaisants, le XVIIIe siècle est l'exemple et le modèle. Tout souriait à la société française; et jamais ne fut un monde qui s'oubliât mieux à vivre et à savoir-vivre. Une

Fig. 36. — *L'Automne*, par Clodion.

lutte courtoise était, entre les gens de mise, à qui fleurirait les bienséances et le lieu des compagnies; et c'était parmi les repas, les soupers, le jeu, les collations, la danse et les autres divertissements, une particulière conversation et un charme de paroles qu'on ne peut dire, et dont il ne faut tenter qu'un crayon... » En faisant la part de cette opinion entachée de partialité, puisqu'elle amène les Goncourt (*Histoire de la*

FIG. 37. — *Voltaire*, par Houdon.

société française) à constater plus loin que : « les salons (dès que la Révolution commence à émouvoir le royaume) se hâtent de dépouiller ce qu'ils avaient en eux d'hôtel de Rambouillet, d'école de politesse et de langage, etc. », il n'en demeure pas moins vrai que l'esprit féminin évolua lentement dans le sens de la liberté, depuis même la mort de Louis XIV qui avait basé la grandeur de son siècle sur la domination de l'homme. Les mémoires de madame d'Epinay, les lettres de Diderot, celles de madame du Deffant, de mademoiselle de Lespinasse ajoutées à la spirituelle correspondance de Grimm (de 1753 à 1790), nous éclairent sur la physionomie de ces fameux salons où, entre deux lectures de la *Nouvelle Héloïse*, livre empoisonné, disent les moralistes, une sorte de monstre en littérature, on discute « sur l'infortune des classes déshéritées », tandis que les yeux se remplissent de larmes à l'évocation des « douleurs obscures ».

C'est l'heure de l'élégie amoureuse, de l'héroïde, prétexte à déclamation tragique du temps où l'on pouvait sans conséquence, avant ou après souper, chausser un moment le cothurne. Les œuvres de Bernardin de Saint-Pierre, de Marmontel, de Duclos, d'Helvétius alimentent tour à tour la conversation. Et tout ce mélange singulier de vrai, de tendre et de faux, est encore délicat.

Le style du grand Roi fut énergique et mâle, le style

FIG. 38. — *Baigneuse*, par Falconet.

de Louis XVI sera plutôt féminin, mais il se targuera cependant d'être plus masculin que les styles Régence et Louis XV.

Ici, de même que le jardin sera artificiel, les salons affecteront d'être graves : « Ils ont eu l'*Encyclopédie* pour hôtesse; et de leurs portes mi-fermées, une armée d'idées, la philosophie, s'est épandue dans la ville et dans la province, conquérant les intelligences au nouveau, les familiarisant d'avance avec l'avenir... » et, si l'on examine bien le style de Louis XVI, on retrouve le reflet de cette pseudo-gravité et de cette hautaine miévrerie qui sont le propre des femmes de l'époque.

Tandis que Jean-Jacques Rousseau battra le rappel de la nature, Diderot et Sedaine parallèlement s'efforceront d'introduire le drame bourgeois au théâtre.

Et combien ce mot de « bourgeois » sonne mal à cette heure! Et combien ce mot de « théâtre » est frappant par l'idée de fiction et de cartonnages qu'il éveille à une époque pourtant en mal de vérité! Notez que Diderot dans ses *Salons* fameux se plaît à reconnaître le talent de Boucher, mais il ne lui pardonne pas l'allégorie voluptueuse et idéale de son art qu'il est convenu de remplacer désormais par l'anecdote familière et rustique.

Sentez-vous encore tout le mensonge de cette rustité devant laquelle on se pâmera, de même que devant

Fig. 39. — *Chambre à coucher de Marie-Antoinette au Petit Trianon* (côté de la cheminée)

es ponts... rustiques de Trianon! Et cette rusticité n'est pas moins fallacieuse que celle qui nous vaudra, dans le même Trianon, la présence de délicieuses créatures jouant à la paysanne et, jusque « dans les promenades publiques, où on ne vit que justaucorps à la paysanne, chapeaux de paille, tabliers et fichus, les airs de soubrette ayant été préférés à ceux de bergerette, après l'incroyable succès du *Mariage de Figaro.* »

Mais nous reviendrons sur ces contresens, lorsque nous parlerons notamment du peintre Greuze.

Si nous nous tournons maintenant du côté du Roi et de la Reine, d'où en principe rayonne l'exemple, que voyons-nous? Louis XVI « honnête, bon, ayant le désir du bien » est d'une intelligence moyenne et d'un caractère faible. Marie-Antoinette, « âme sensible et quelque peu romanesque », est frivole et inconséquente.

Mais voici qui est plus grave et touche directement au sentiment esthétique, Michelet a reproché à Louis XVI un manque d'usages, voire une grossièreté dont le célèbre historien donne des exemples impossibles à reproduire ici. Ce « brutal, ce lourdaud » uniquement passionné pour la chasse, aurait été victime d'excès de table, de repas « si immodérés, à en croire l'ambassadeur d'Autriche, qu'ils occasionnaient des absences de raison ». D'où à conclure que de « tels excès avaient épaissi le corps et l'esprit du monarque », il n'y a qu'un pas.

Mais, en revanche pour l'esthétique, Marie-Antoiıette était aussi belle, aussi gracieuse que son royal

Fig. 40. — *Chambre à coucher de Marie-Antoinette au Petit Trianon* (côté du lit).

poux était vulgaire, et la beauté qui influe fatalement, ıême indirectement, sur ce qui l'entoure, rachète bien es choses.

D'ailleurs, si nous aimons à suivre en pensée la trace délicate des pas de Marie-Antoinette, sur l'herbe douce des « jardins anglais » du Petit Trianon, nous ne parvenons pas à évoquer, aux côtés de la délicate souveraine, l'enveloppe insignifiante de Louis XVI.

Quant au péché de gourmandise reproché à Sa Majesté, gourmandise qui lui valut, dit-on, d'être reconnu par le fils du maître de poste Drouet, à Sainte-Menehould, alors qu'il mettait la tête à la portière de sa voiture, durant un relais, pour acheter un petit pain, — on ne saurait lui en faire un sérieux grief, du moins dans la circonstance présente.

Le Roi, arrêté dans sa fuite, perdit à la fois sa tête et sa couronne, cruelle expiation pour un petit pain...

Il convient de dire que l'histoire, qui assimile volontiers les personnages royaux à des héros de féerie (à moins que cela ne résulte de notre propre imagination) en dehors de la politique mais à cause de la magnificence lointaine des cours, ne tolère guère la banalité, et voici qu'un roi n'a pas le droit de répondre aux sollicitations de son palais... ou de son estomac (car il n'est pas prouvé que le petit pain incriminé ne fut pas ingurgité par strict besoin) !

Bref, outre que l'on est d'accord, cependant, pour condamner cette misérable défaillance chez un chef d'État incapable de différer son appétit au moment ù son peuple hurlait la faim, il semble que l'on eût avantage excusé de jolies dents — en l'occurrence

Fig. 41. — *Chaises, table-console, candélabre* (Petit Trianon).

:elles de la belle Marie-Antoinette — mordant le petit ɔain fatal avec l'insouciance de la frivolité.

Comment aborder maintenant, après ces constatations plutôt défavorables, le chapitre de l'art à la cour? On nous montre bien Louis XVI travaillant le fer, forgeant des clés et des serrures (marquées de deux L couronnées) en compagnie du serrurier Gamain, dans un atelier qu'il s'était fait construire à cet effet. Mais ce souci d'art ne fut-il pas exclusif ?

Antoine-François Callet se contenta de donner du monarque un portrait officiel, et Louis David, son premier peintre, refusa de terminer, nous l'avons dit, le « portrait d'un tyran », réservant son pinceau pour la représentation du *Serment du Jeu de Paume*, des *Derniers moments de Michel Lepelletier* et du *Sacre* de Napoléon Ier.

En revanche, Marie-Antoinette encouragea à sa façon la peinture, en lui prêtant le concours de ses charmes. En 1779, Mme Vigée-Lebrun exécuta le portrait de la Reine, qu'elle représenta depuis cette époque, plus de vingt fois, dans toutes les poses et dans tous les costumes.

Mais passons, il importe de constater que les grands artistes ne manquent pas à cette heure, et l'on se plaît à imaginer que la cour, entre deux apparitions à Trianon, dans le décor d'opéra-comique qu'elle a créé, frémit instinctivement devant le drame proche. Sous la plume de la critique d'art, Diderot en tête, voyez, on est irrespectueusement frondeur; Beaumarchais

FIG. 42. — *Clavecin de Marie-Antoinette dans le salon du Petit Trianon.*

introduit la satire politique et Voltaire, à la fin de sa vie, assiste au couronnement de son buste (1778) dans une société où commence à germer le grain d'humanité qu'il a semé. Un mouvement de sédition s'observe et, en attendant que la Révolution n'attente aux chefs-d'œuvre du passé, il semble que cette fin de XVIIIe siècle, légèrement en déroute, frissonne dans son génie créateur.

D'où cette extrême délicatesse, d'où ce charme exquis, ce goût raffiné, souvent voilés de gravité, qui frappent dans le style Louis XVI, comme autant d'analogues fragilités chez des êtres qui ne sont pas appelés à vieillir.

Si les artistes ne connaissent point à cette époque l'encouragement d'un Louis XIV, ils ont au moins l'avantage d'ordonner l'art à l'étranger.

L'influence de nos philosophes et de nos écrivains règne sur l'Europe entière. Des rois, des reines, et le cortège de science et d'art qui les entoure, viennent s'inspirer à Paris auprès de ces penseurs qui ne doivent leur puissance qu'à leur ingéniosité intellectuelle.

Aussi bien, les artistes patronnés par ces philosophes sont réclamés de toutes parts. Lejai devient architecte du roi de Prusse et Clérisseau, premier architecte de l'empereur de Russie; le peintre Sylvestre dirige l'Académie de peinture de Dresde et après lui, le sculpteur Hutin; le sculpteur Saly exécute

FIG. 43. — *Détail de la partie inférieure du lambris du salon précédent.*

notamment, à Copenhague, la statue équestre de Frédéric V, et, Larchevêque, autre statuaire, décore Stockholm; le peintre Tocqué exécute en Russie le portrait en pied d'Elisabeth, et Falconet donne le monument de Pierre le Grand, etc.

Pour revenir en France, tels peintres qui déjà avaient brillé sous Louis XV : Chardin (1699-1779), Fragonard (1732-1806), La Tour (1704-1788), et tels sculpteurs, dans le même cas, Falconet (1716-1791), Pigalle (1714-1785), entre autres, et nous ne nommons pas les architectes, n'en continueront pas moins sous Louis XVI à projeter une grande lueur sur le monde entier.

Ce sont là les artistes « chevauchant » ajoutés à ceux que nous énumérâmes précédemment, qui viennent ajouter à la gloire nationale, sans souci de la chronologie.

Au résumé, l'indépendance du génie fait la part belle aux gouvernements quels qu'ils soient. En dehors du fatal rapprochement d'influence auquel on s'efforce, pour mettre convenablement tel roi ou tel empereur dans un décor approprié où on aimerait à l'évoquer; en dehors de quelques règnes typiques, la liberté de l'art déconcerte, parce qu'il est tout aussi volontiers régi par le peuple que par la cour.

Et puis, de même que Napoléon Ier s'installa dans les appartements de César, Marie-Antoinette, en 1774 comme don de joyeux avènement, reçut des mains

Fig. 44. — *Guéridon, petite bibliothèque, chaise* (Petit Trianon)

de son auguste époux le Petit Trianon que Louis XV avait fait bâtir.

Au surplus, les résidences royales, peuplées auparavant de sculptures et de peintures par Louis XIV, laissaient à ses successeurs peu d'initiatives d'embellissement, et les lentes modifications que l'arrière-petit-fils du roi Soleil et que le petit-fils de Louis XV introduisirent peu à peu dans leurs propres habitations, mêlèrent tant soit peu les beautés entre elles.

D'où progressivement l'envol du style; les artistes étant peu encouragés dans leurs créations, le génie croupissant dans l'habitude et une commodité que l'on s'obstinait à croire définitives.

Il faut se souvenir enfin, à propos du style de Louis XVI qui est l'avant-dernier style français (à condition toutefois que l'on veuille bien reconnaître que le style Empire est le dernier), il faut se souvenir donc, que le règne de Louis XVI ne dura que dix-huit années et que Napoléon Ier n'exerça son influence esthétique qu'une quinzaine d'années seulement.

Et n'est-il pas extraordinaire de songer que dans un si court règne, deux styles aient pu éclore? Et combien ces styles sont originaux, à commencer néanmoins par le Louis XVI, amorce raffinée de l'antique, tandis que le Napoléon Ier n'en fut que le grossissement.

Fig. 45. — *Porte, dessus de porte et corniche de la grande salle à manger* (Petit Trianon).

Mais, sous quel ciel d'orage, au milieu de quel énervement ces époques créèrent-elles !

Quel cinglant coup de fouet stimula la pensée, l'art, sous ces règnes, dont l'un devait succomber à l'épuisement et l'autre à la fièvre créatrice !

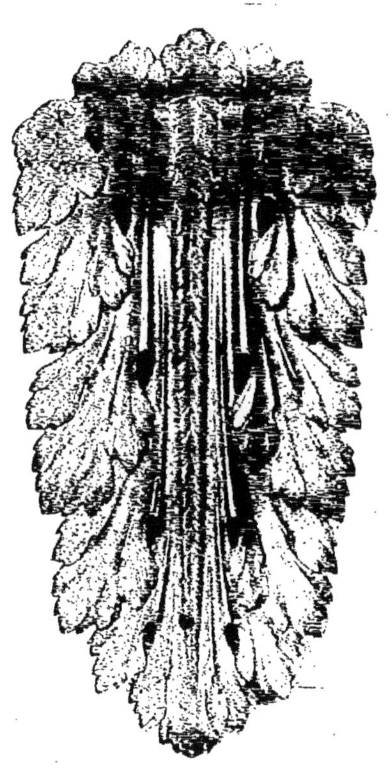

CHAPITRE IV

L'Architecture

L'architecture précédant tous les arts, dont elle témoigne à travers les siècles, nous débuterons par l'étude du monument à l'époque qui nous occupe.

Si les arts plastiques, dès le commencement du règne de Louis XVI, demeurèrent originaux, on a constaté judicieusement que « l'amour de la science et l'étude plus répandue des mathématiques, entraînant l'architecture dans une fausse voie, lui firent perdre tout caractère ».

Aussi bien l'antique, qui conseilla tant de chefs-d'œuvre lorsqu'on sut en varier les thèmes, joua le mauvais tour aux réformateurs aveugles de l'architecture, de ne leur livrer qu'un squelette, qu'un *Vignole*.

« On a trop souvent répété, et avec trop d'insistance, écrit Vaudoyer, que l'architecture était à la fois un art et une science. La vérité est que l'architecture est avant tout un art qui procède par inspiration et sentiment, un art comme la poésie et la musique. Il faut,

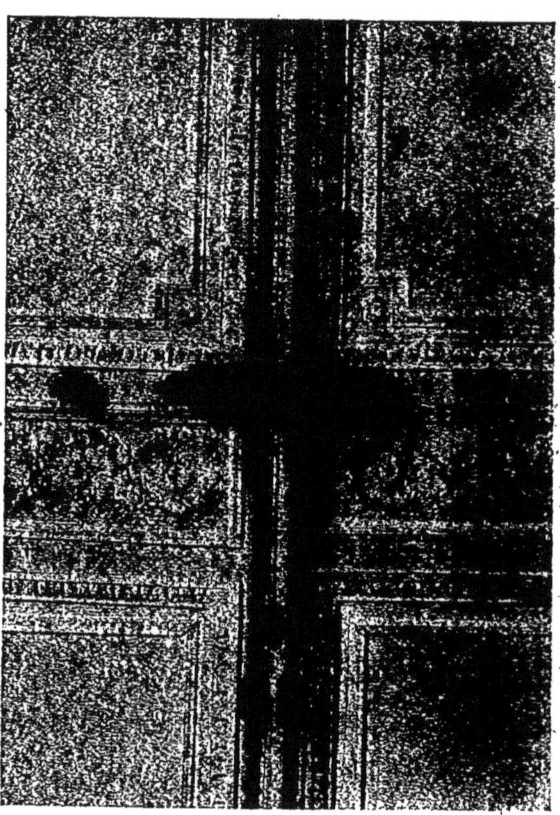

Fig. 48. — *Détail de la porte précédente.*

en effet, se garder de confondre les solutions qu'on doit à la science avec les inventions de génie; on peut devenir bâtisseur, mais il faut être né constructeur, c'est par le sentiment et instinctivement que l'on

FIG. 49. — *Une cheminée du Petit Trianon.*

trouve les formes qui sont à la fois possibles et belles... »

Mais l'opinion autorisée de Vaudoyer ne concerne que le chef-d'œuvre, car il est bien certain que l'architecte, essoufflé dans son génie par son admiration des siècles précédents, d'un siècle à l'autre voit s'affaiblir toujours davantage sa puissance créatrice.

C'est l'origine de la copie, de l'adaptation, partant de la science dominant l'art, et nous ne répéterons pas que l'architecture est d'un essor borné par la logique laquelle se recommande plutôt de la science.

Mettons que l'architecture est un art supérieur à tous les autres arts lorsqu'elle relève du génie ; inclinons-nous devant sa supériorité dans le passé, non sans toutefois reconnaître qu'il était plus aisé de faire œuvre originale hier, lorsque tout était à inventer, qu'aujourd'hui où tout a été essayé.

Or, tous ces essais résumés par des chefs-d'œuvre, constituent la tradition — un mur que l'on ne peut franchir sans errer.

Voyez plutôt, précisément sous Louis XVI, Claude-Nicolas Ledoux, apôtre de l'*architecture parlante,* qui croyait avoir trouvé une merveille en faisant la maison d'un vigneron en forme de tonneau, comme il eût donné sans doute, à la demeure d'un ivrogne, l'aspect d'une bouteille...

Il est vrai que la découverte des temples grecs de

Paestum, dans le royaume de Naples, aboutit à des

Fig. 50. — *Encoignure du boudoir* (Petit Trianon).

résultats qui, pour être plus traditionnels, ne furent pas d'une originalité plus intéressante.

Les ordres de colonnes dits *Pestum*, lancés par l'architecte français Lagardette, eurent leurs partisans comme l'architecture parlante ne manqua pas d'avoir les siens. Et l'on vit Brongniart construire, en 1780, le couvent des capucins d'Antin (aujourd'hui lycée Condorcet) dans le même style que Legrand et Molinos avaient édifié la salle du théâtre Feydeau, démoli vers 1820.

Mais voici des anomalies et, nous allons maintenant voir que l'art de l'architecture sous Louis XVI ne manqua pas d'hommes assez puissants et assez heureusement doués pour exécuter des œuvres remarquables, en dépit des tendances de leur art vers la science, esclave de la tradition.

Malgré que le Panthéon (ancienne église Sainte-Geneviève) se rattache, comme nous l'avons dit, à l'époque de Louis XV, époque à laquelle il avait été commencé (1758), ce monument représente tellement l'esprit antique qui va fleurir sous Louis XVI, que nous n'hésitons pas à le placer en tête de notre sujet.

Le Panthéon, inspiré du Panthéon d'Agrippa et de Saint-Pierre, à Rome, est l'exemple à la fois de cette science et de cet art dont le principe s'affirme fondamental. Jacques-François Blondel, théoricien d'architecture, remplace Vitruve, sous Louis XV, il a remonté le courant des sources antiques et « son dédain profond pour l'art du moyen âge, vain effort de la bar-

Fig. 51. — *Salon du Petit Trianon.*

barie », n'a d'égal que son peu d'estime « pour la Renaissance, considérée comme une tentative imparfaite ». Dès lors, Soufflot est l'homme de Blondel, et

Fig. 52. — *Chaise au monogramme de Marie-Antoinette.*

le Panthéon, œuvre de Soufflot, est un chef-d'œuvre.

Il est de fait que si jamais monument ne détonna pareillement dans notre pays, on ne peut que s'incliner devant l'effort de sa réalisation qui, malheureuse-

Fig. 53. — *Vue d'un des angles d'une chambre au Petit Trianon.*

ment, précipita l'essor d'une architecture aussi mal appropriée à son but, si pareillement en désaccord avec les matériaux de notre sol, avec le désavantage au surplus, d'une esthétique moins défendable.

Aussi bien, n'insistons pas davantage sur le Panthéon que d'aucuns classent dans le Louis XV, et il nous apparaît non moins délicat de rattacher au style qui nous occupe le théâtre de l'Odéon, construit par Peyre et de Wailly (1782). Certainement cette dernière œuvre, selon l'ordre chronologique, peut se réclamer du Louis XVI, mais il nous apparaît que les monuments d'importation franchement grecque ou romaine, relèvent à ce moment davantage du premier Empire, qui marque essentiellement le triomphe, l'aboutissement de l'antique.

Le Panthéon, l'Odéon, la Madeleine, enfin, ne représenteront jamais pour nous l'inspiration française ; tandis que l'hôtel des Invalides, la Sorbonne, le Val-de-Grâce résument exactement notre art national sous Louis XIV ; tandis que l'hôtel Soubise (Archives Nationales), les deux bâtiments de Gabriel, sur la place de la Concorde, la Fontaine de la rue de Grenelle sont bien Louis XV ; tandis que le palais de la Légion d'honneur, le Petit Trianon, le théâtre de Bordeaux, le palais de Bagatelle, au bois de Boulogne, appartiennent sans aucun doute à l'époque de Louis XVI.

Fig. 54. — *Fauteuils et pendule à gaine* (Petit Trianon).

Bref, nous nous inquiéterons moins dans notre résumé, de la chronologie, que du style typique des monuments.

Nous avons cité Ledoux, en débutant, nous reviendrons sur cet artiste, sans nous appesantir sur les mauvais côtés de son originalité. Ledoux n'est point, en effet, sous Louis XVI, quantité négligeable. Il a marqué son époque. On lui doit, entre autres œuvres, les anciennes barrières de Paris [celles de la porte Denfert, place Denfert-Rochereau, subsistent encore (*fig.* 27)] et, si les conceptions de cet architecte tinrent parfois de l'exaltation, elles ne manquaient pas, il faut l'avouer, d'un certain intérêt.

L'anecdote, naturellement, est impitoyable, et voici ce qu'elle propage : « Un jour, on proposait de construire une maison pour le poète-abbé Delille ; la façade à peine dessinée, Ledoux s'écrie : « Quoi! des croisées ! La maison de l'abbé Delille doit être éclairée par le haut; c'est un temple de gloire! »

Mais n'insistons pas, et on a rendu en partie justice à Ledoux en constatant que si ses conceptions sont pour la plupart très incommodes au dedans, elles sont fort luxueuses à l'extérieur.

Au surplus, si l'on a critiqué la singulière idée que cet architecte avait eue de donner à ses barrières de Paris, en l'occurrence à un octroi, des colonnes, de lourds entablements et des coupoles, ne verrons-nous

FIG. 55. — *Canapé, fauteuils, lambris* (Petit Trianon).

pas une aberration similaire dans l'École de médecine de Paris due à Gondoin?

Gondoin (1737-1818), a-t-on dit justement, a élevé un temple à Esculape plutôt qu'un bâtiment destiné à l'instruction médicale de la jeunesse française.

Mais c'est l'erreur qui s'accusera, nous le savons, sous le premier Empire et, sans nous arrêter à Desmaisons, l'un des auteurs de la façade principale du Palais de justice, du côté de la cour de Mai, à Le Noir, à Jacques-Louis Antoine, architecte de l'Hôtel des Monnaies, et autres continuateurs d'un style plus uniforme que caractéristique, nous en arriverons à Victor Louis (1731-1802).

Louis, à qui l'on doit le Théâtre-Français, les galeries du Palais-Royal, l'ancien Opéra de la place Louvois, à Paris, et le célèbre théâtre de Bordeaux, dont l'escalier est particulièrement beau (*fig.* 28), demeure sans nul doute le plus grand architecte de l'époque.

On a justement vanté la grande unité de ces galeries du Palais-Royal, l'originalité même de leur harmonie sobre et majestueuse encadrant le charme frais d'un jardin; et, d'une manière générale, les conceptions de Louis ont de l'autorité et de la force.

Glissons ensuite sur le nom de Chalgrin, auteur de la réfection du Collège de France, que le premier Empire semble revendiquer; mentionnons Bellanger, architecte du comte d'Artois, plutôt à cause du palais

FIG. 56. — *Fauteuil*, style de transition, débutde LouisXIV (musée des Arts décoratifs).

de Bagatelle (*fig.* 25 et 26), au bois de Boulogne, œuvre typique, que pour les maisons destinées à de riches financiers, bâties alors par le même artiste, en compagnie de plusieurs de ses collègues, dans la Chaussée-d'Antin, principalement.

FIG. 37. — *Canapé*, style de transition, début de Louis XVI.

Parmi les exemples les plus complets du temps de Louis XVI, nous citerons enfin le Petit Trianon (*fig.* 21, construit cependant par Gabriel sous Louis XV) et le palais de la Légion d'honneur (*fig.* 31).

« Entre Versailles et Trianon, a écrit Vaudoyer, il y a la distance de Louis XIV à Louis XVI », et l'érudit architecte est surtout frappé dans son rapprochement entre les deux époques, par la différence des jardins, autrefois dans le goût français et maintenant ordonnés à l'anglaise.

FIG. 58. — *Console*, style de transition, début de Louis XVI.

Quant au palais de la Légion d'honneur, œuvre de Rousseau, il fût bâti de 1782 à 1789 pour le compte du prince Frédéric de Salm-Kyrbourg et, incendié en 1871 pendant la Commune, Mortier le reconstruisit sur les mêmes plans.

Cette dernière œuvre, conçue dans d'heureuses

proportions, délicatement ornée, demeure un des modèles les plus purs du temps. Au résumé, l'architecture sous Louis XVI se distingue par une coquetterie et un charme personnels, par une quasi-originalité savoureuse que les lourds et prétentieux monuments gréco-romains issus du premier Empire feront particulièrement apprécier.

FIG. 59. — *Fauteuil* (musée des Arts décoratifs).

L'architecture sous Louis XVI ne vise pas au grandiose comme l'art antique ; plus vivante que lui, elle n'en reflète que la sérénité. Ses colonnes, pilastres,

Fig. 60. — *Bureau à cylindre* (musée des Arts décoratifs).

attiques, ses frontons et ses entablements, sont élégants ; si elle s'enveloppe de lignes calmes, sa sécheresse est plus apparente que réelle. Aristocratique, distinguée dans sa présentation, la sobriété de ses détails décoratifs ajoute à sa mesure, plus correcte en somme que froide.

Elle aime les coupoles basses et les toits plats, les terrasses bordées de balustres; la pierre, à l'extérieur, convient essentiellement à sa dignité qui sourira volontiers, grâce à des frises de bas-reliefs. Pour contredire encore à la nudité de la pierre, des œils-de-bœuf souvent, encadrent des bustes, des médaillons ovales sollicitent des guirlandes, des guirlandes ceignent aussi des consoles, des statues garnissent, au sommet, des rotondes (comme celle du temple de l'Amour dans les jardins de Trianon) que l'on affectionne alors, parce qu'elles viennent varier, à souhait, de leur circonférence aux colonnes libres ou engagées, la raideur de la ligne droite; rotondes comme celles du parc Monceau, du Palais-Royal, aujourd'hui détruite, comme celle de la barrière de Reuilly, due à Ledoux.

Monuments plutôt peu élevés, monuments que des entrelacs, des guirlandes, des cannelures et autres motifs empruntés à l'antiquité, dont nous parlerons en détail lorsque nous aborderons le meuble, garnissent discrètement. Petits châteaux, seulement en apparence, où le désir d'intimité s'est maintenant réfugié. Certes, le cintre romain détrônera ici la courbe excentrique, mais il semble que ce cintre n'aura pas

Fig. 61. — *Fauteuil* (musée des Arts décoratifs).

la morgue de l'antique, on le verra plus souple, et pour ne parler que des guirlandes, celles-ci seront tressées de fleurs et de fruits de France. De même le ruban, cher à l'époque qui nous occupe, semblera inédit ; il offrira des rosettes nouvelles.

Aussi bien il serait injuste de déclarer que l'architecture, sous Louis XVI, comme trop souvent la tragédie du temps, devint quelque chose d'aveugle, de routinier et de fatal, qui eut des règles immuables. Le retour à l'antique, souvenons-nous-en, fut prêché parallèlement au retour à la nature, et l'artifice de cette nature coïncide parfaitement avec cette traduction de l'antique.

Si Marie-Antoinette joua à la fermière au Petit Trianon, avec la princesse de Lamballe et Mme de Polignac (tandis que Louis XVI faisait le meunier), cela nous vaut une laiterie d'apparat qui, pour avoir été renouvelée de celles du XVIIe siècle, n'en est pas moins charmante. On a vanté la richesse de ces laiteries garnies de marbre blanc, ornées de délicats bas-reliefs qui, plus tard, seront décorées à l'antique, témoin la laiterie bâtie par Bellanger pour la belle propriété de Neuilly de M. de Castellane.

Le goût des paysanneries dictées par ce sempiternel désir de retour à la nature nous vaut, en somme, des thèmes architecturaux typiques et variés.

De quelle indulgence, d'ailleurs, ne se sent-on pas animé, lorsque l'on compare les monuments du XVIIIe siècle à ceux du XIXe !

Voyez le parfum discret du Louis XVI opposé à l'odeur un peu lourde du règne de Napoléon Ier, jusqu'à la senteur équivoque qui suivit !

FIG. 62. — *Cheminée, panneaux*, etc. (musée des Arts décoratifs).

En plus de la ligne, sous Louis XVI, il y a l'harmonie du ton. Ligne et ton sont parfaitement assortis. Il appartiendra au premier Empire de copier des fresques antiques, tandis que l'heure de Marie-Antoinette réclamera des fonds tendres et vagues, représentés par des lambris et des tentures clairs ou voilés de gris mélancoliques.

Mais nous n'aborderons point encore le chapitre de la décoration intérieure et, pour conclure, nous dirons que si l'architecture de Louis XVI profita de l'antiquité, le style de Napoléon Ier en abusa. Question de nuance fort importante, question de gamme aussi, parce que, comme nous le verrons plus loin, la couleur sous Louis XVI est vaporeuse et troublante; point vaporeuse ni troublante comme sous Louis XV, à la manière capiteuse, mais à la façon du jour, sensible, pensive et inquiète. La couleur rouge de la Révolution violera ensuite ce ciel gris, puis avec Napoléon, cette couleur disparaîtra sous l'aile de l'aigle ou sous l'envol des abeilles pour se perdre enfin dans l'impersonnalité des tons mêlés.

Au résumé, on goûtera dans l'art qui nous occupe la beauté véritable d'une architecture encore française d'esprit et de délicatesse. Alors que l'Italie, que nous avions prise pour guide, voit maintenant ses arts tomber en décadence, alors que le modèle classique, hallucinant et exclusif, voudrait endormir notre génie, comme fatigué d'avoir sinon toujours enfanté des

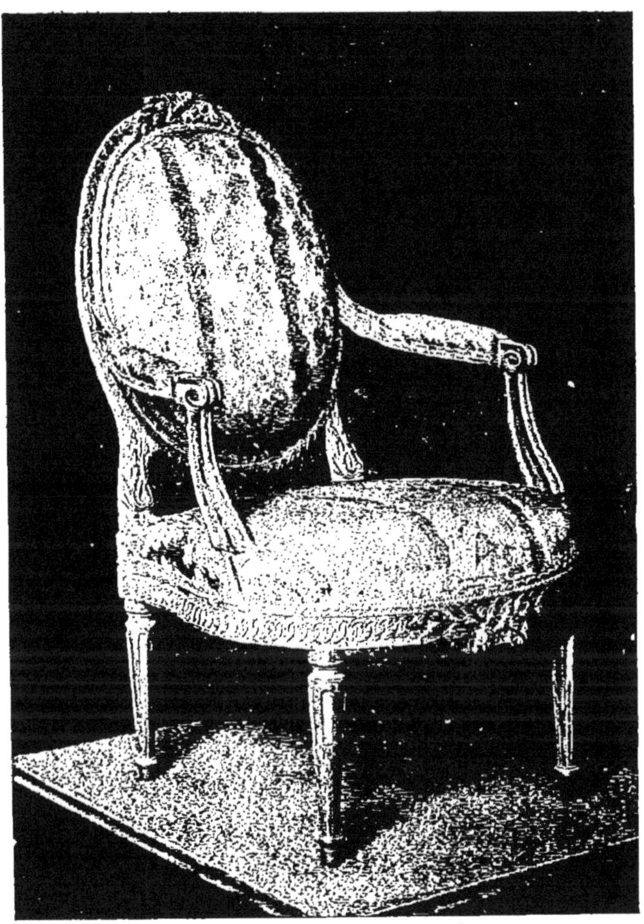

FIG. 63. — *Fauteuil* (musée des Arts décoratifs).

chefs-d'œuvre, du moins d'avoir toujours « nationalisé » l'inspiration d'autrui, nous régissons encore l'esthétique à l'étranger. Jusqu'au moment où, après une révolution purement politique, après un style Empire intéressant, après deux Restaurations et un second Empire plats et stériles, notre heure enfin tiendra cependant encore le sceptre de la beauté, mais davantage peut-être dans l'intention que dans la réalisation. Pourtant, il faut lui savoir gré à notre époque, de n'avoir point été exclusivement éblouie par les rayons du passé comme d'avoir maintenu sa propre gloire.

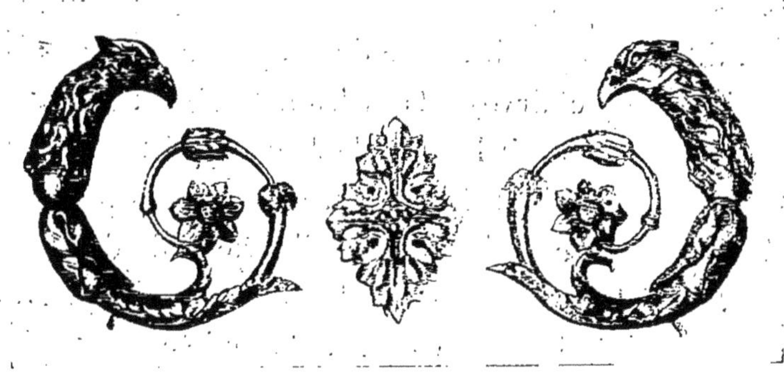

CHAPITRE V

La Peinture et la Sculpture

Si l'architecture a repris son empire sur le mobilier, au nom de l'esthétique, la peinture et la sculpture vont subir le joug de la morale.

L'histoire, en compagnie de la philosophie, inspire les artistes ; les scènes puisées dans la nature commencent à intéresser une société qui veut être contemplative, préoccupée de s'évader de son *soi*, sur les conseils de Jean-Jacques Rousseau. Le spectacle de la vie, enfin, subordonne l'admiration.

François Boucher avait été le peintre des frivolités, Greuze devait réagir au nom des bourgeois contre ces « fadaises », qui n'avaient sans doute d'aristocratique que leur luxueuse volupté et d'artistique que leur audace. Boucher, d'ailleurs, a maintenant lassé son public, et ses élèves commencent à se détacher de lui, sur le conseil même du grand artiste (témoin David), aussi clairvoyant que les modes sont ingrates.

Voici donc venir l'heure de Jean-Baptiste Greuze. Mais comment eût fait Greuze pour s'imposer complètement à son époque de sensiblerie et de déclamation? Ce fut la vengeance de Boucher, de marquer de son empreinte l'œuvre de son antagoniste.

Aussi bien les réacteurs ne s'imposent qu'à la longue, et Greuze, pour avoir voulu effacer d'un seul coup l'école mythologique de Boucher, traînera le boulet d'une affectation théâtrale dans un coloris similaire à celui auquel il venait faire échec. Moins de légèreté et de fraîcheur cependant, dans ce coloris; plus d'observation et de vérité humaines en revanche que chez Boucher mais, malicieusement, le peintre de Cupidon taquinera la vertu du moraliste de la *Piété filiale* en lui soufflant des sujets équivoques comme les *Œufs cassés*, la *Fille confuse*, la *Cruche cassée*, le *Malheur imprévu*.

« ... Battant, courant sur le boulevard des petits spectacles, ce visage émerillonné, cette coiffure ébouriffée, cette tournure burlesque, qu'est ce fou? — Greuze, le peintre de la vertu... prenant la Gosset jeune pour modèle de son *Accordée de village* (*fig*. 32), prenant peut-être modèle de sa dame de charité parmi les bacchantes de la Delaunay. »

C'est Greuze dégageant en somme la morale de la

Fig. 66. — *Commode-vitrine, chaises* (musée des Arts décoratifs).

vérité, avec un sourire que la peinture religieuse, à laquelle le charmant artiste aspira parfois, ne lui pardonnera pas ; c'est Greuze n'aboutissant, dans une de ses rares concessions à la mythologie, qu'à faire regretter Boucher ; c'est Greuze enfin touchant sans conviction à l'histoire.

Il n'empêche que : le *Père de famille expliquant la Bible à ses enfants*, premier tableau de J.-B. Greuze, fut en revanche fort vanté pour l'utilité de son enseignement moral et populaire, d'autant qu'il traduisait parfaitement par l'image les théories esthétiques de Diderot et répondait au besoin intellectuel du moment.

L'explication de l'enthousiasme du philosophe-critique, à l'égard du peintre réactionnaire, commence à se faire jour. Diderot dira bien, quelque part, pour excuser certaines faiblesses de son idole : « Nos qualités, certaines du moins, tiennent de près à nos défauts : la plupart des honnêtes femmes ont de l'humeur, les grands artistes ont un petit coup de hache sur la tête » ; et n'est-ce point préparer le terrain favorable aux représentations à double sens, aux écarts de Greuze ?

Au surplus, Greuze ne vise pas à la grandeur, il cherche l'intérêt du détail et ce souci plaît vivement à Diderot : « Dans le *Père de famille expliquant la Bible à ses enfants*, l'artiste a placé dans un coin à terre un petit enfant qui, pour se désennuyer, faisait les cornes à un chien. Dans son *Accordée de village*, il avait amené une poule avec sa couvée. Dans la *Piété*

Fig. 67. — *Fauteuil* (musée des Arts décoratifs).

filiale, il plaça à côté du garçon qui apporte à boire à son père infirme une grosse chienne debout qui a le nez en l'air et que ses petits tettent toute droite, etc... »

Malgré et peut-être même à cause de ces puérilités,

la *Laitière*, le *Depart de la barcelonnette*, le *Retour de la nourrice*, notamment, sont des chefs-d'œuvre du genre.

Et pareillement, la *Malédiction paternelle* et le *Fils puni* demeurent des pages éternelles, à cause de leur emphase sans grande conviction et sans prud'homie, qui les rend accessibles à tous les systèmes et acceptions de vertu. Quant à leur vérité technique, elle est aussi fallacieuse, fort heureusement encore pour leur idéal, qui eût certainement fléchi à travers les années sans cette fiction.

Les tons argentés de Greuze, enfin, qui voudraient contrarier les roses de sa palette, par désir de réalité, ne sont là que pour rire; même, certaines tendances au noir de cette palette n'ajoutent point à la gravité du sujet, et peintre génial de la jeunesse et de la candeur (plus apparentes que sincères), Greuze n'a pas su peindre les rides malgré qu'il s'y employât.

Hélas! vers la fin de sa carrière, l'exquis peintre de la *Cruche cassée* partagera les déboires de F. Boucher. A son tour, il pâtira de la fatale réaction, emporté dans le tourbillon qui acheva de briser les tiges frêles de l'art du XVIIIe siècle.

Vien, David et son école brandissent maintenant le glaive antique. L'art, autrefois essentiellement français, va se naturaliser grec et romain aux accents de l'héroïsme et de la majesté.

Greuze force son génie avec les *Reproches de Sévère*

Caracalla, il entre à l'Académie sous les auspices 'une toile d'histoire ! C'est le signal de la débâcle, est l'oubli, la misère...

Bref, à côté de Greuze en plein triomphe, nous

FIG. 68. — *Bergère* (musée des Arts décoratifs).

oyons notamment Joseph Vernet, peintre de marines n présence desquelles on frémit, comme devant de éritables flots réellement courroucés (*fig.* 33.).

Vernet de même que Boilly — autre artiste de cette ériode — réussit à convaincre par un spectacle qui épond au réalisme de l'heure. Sa nature ne fait pas rêver, elle apparaît précise, tout comme les scènes de la vie signées Boilly semblent vraies, et cette précision et cette vérité arrêtent les regards d'une foule qui auparavant se fût détournée d'elles.

Lépicié, pareillement, satisfait à l'admiration bourgeoise du moment, il ne déconcerte pas avec ses pauvres intérieurs, bien au contraire, il attache, et ses

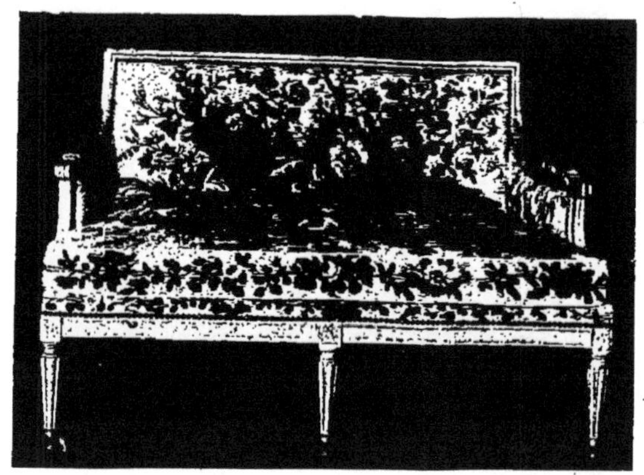

FIG. 69. — *Canapé de Marie-Antoinette* (musée des Arts décoratifs)

tableaux de genre volent bas volontiers, pour captiver davantage.

Voici Chardin (1699-1779), auteur du *Bénédicite* (*fig.* 34), de la *Mère laborieuse* et autres poèmes naïfs traduits avec un parfait scrupule ; Chardin dont aussi les natures mortes sont tellement vraies qu'elles émeuvent !

On dit « bête comme un chou, qui oserait dire bête comme un chou peint par Chardin ? »

Fig. 70. — *Cheminée, chaises*, etc. (musée des Arts décoratifs).

Voici l'admirable pastelliste La Tour (1704-1788), dont les pastels sont vivants, et tant d'autres maîtres convertis à l'idée nouvelle, à moins que ces maîtres ne soient nés pour faire triompher cette idée.

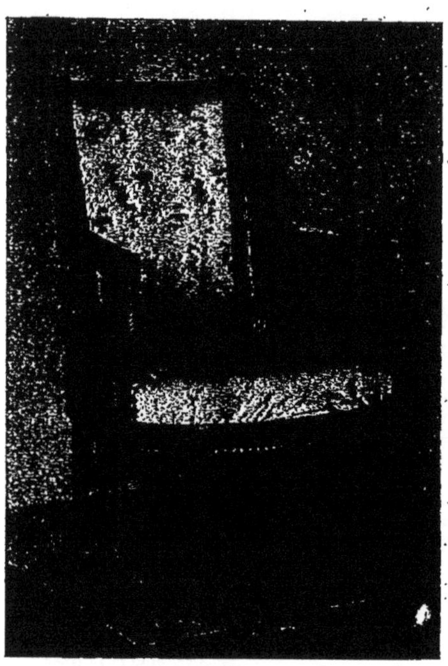

Fig. 71. — *Fauteuil* (musée des Arts décoratifs).

Bref, les devoirs de l'art sont maintenant devenus autres, son rôle est de parler à l'âme et d'exalter les sentiments ; il est objectif au lieu d'être subjectif, les sujets traités doivent valoir d'avantage par l'idée que par le sujet, et le mouvement, en s'accentuant, nous vaudra Louis David, apôtre de la Révolution et de l'Empire, révolutionnaire et empereur des arts, après avoir vécu plutôt en conspirateur sous Louis XVI. Aussi bien L. David est inséparable du premier Empire[1] et nous ne le citons qu'en passant.

1. Voir le *Style Empire*, du même auteur.

Avant l'austère règne de David et de sa suite, donc,

Fig. 72. — *Console, lambris*, etc. (musée des Arts décoratifs).

les peintres se sont réfugiés dans le genre déjà moins

badin que Greuze a indiqué, — ils font des petits tableaux portatifs ou bien ils exécutent des miniatures, s'employant entre temps à des peintures de vases et d'éventails ; en un mot, ils sacrifient à la parure des moindres bibelots qui sollicitent le plus favorablement leur génie souple et vivant.

Les arts de l'illustration, de la gravure, d'autre part, s'ils orientent maintenant leur fantaisie vers des sujets moins frivoles que sous Louis XV, ne demeurent pas plus austères ; les Eisen, les Gravelot, les Moreau le Jeune, les Saint-Aubin, brillent dans l'estampe et dans le livre. Peut-être penchent-ils davantage vers la documentation (souvenirs des fêtes officielles, portraits, etc.) mais ils ne faillissent pas toutefois à la légèreté du crayon, du burin, à l'esprit de la composition précédents.

Mais que devient la sculpture? La sculpture à cette époque, suit naturellement l'essor de la peinture et pourtant, à côté de Clodion, qui fut pour ainsi dire le Boucher de la sculpture, il y eut Pajou, sorte de David de la peinture.

Clodion, effectivement, se rattache davantage que les autres maîtres de son temps à l'art particulièrement léger et gracieux du XVIIIe siècle ; tandis que Pigalle et Houdon tendent à l'expression de la vie et de la réalité, opposés qu'ils sont à cet idéalisme hors nature, à ce charme voluptueux que l'on reprocha excessivement à cette heure, au peintre de Mme de Pompadour.

Quant à Pajou, « le restaurateur de la sculpture » (1730-1809), nous le voyons se tourner avec amour vers l'interprétation antique, sans toutefois qu'il sacrifie sa personnalité, éminemment nationale à l'inspiration du passé. Pajou, néanmoins, de même que David peindra nus les acteurs de son *Serment du Jeu de Paume* avant de les vêtir, par excès d'académisme, ne craindra pas de représenter Marie-Antoinette sans autre vêtement qu'un bout de draperie fleurdelisée. On nous dit, en effet, que la reine ayant un jour demandé de faire pour elle un groupe qui la montrât présentant son fils à la France, groupe qui devait être exécuté en

Fig. 73. — *Secrétaire* (musée des Arts décoratifs).

biscuit, à la manufacture de Sèvres, la souveraine non seulement ne fut pas froissée de se voir aussi ressemblante de visage, dans cet état nature, mais encore se déclara flattée d'être traitée comme une Vénus.

Outre que cela n'est point l'indice d'une époque timorée, malgré qu'elle prétende réagir contre les mœurs précédentes, il ne nous déplaît pas d'évoquer la pudeur s'abritant à l'ombre de l'antique.

Aussi bien la pensée de l'art des Pigalle, des Houdon, des Lemire, même (plus célèbre par ses applications industrielles). se réconforte de celle de Pajou, elle communie dans une pareille recherche d'idéal appuyé sur la nature, tandis que l'œuvre de Clodion — non moins admirable — s'égare dans d'exquises irréalités. Ici une soif d'humanité, une fièvre de vérité et de tradition; là un besoin d'abstraction, de volupté et de caresse, mais Clodion cependant détonne dans son heure, il est le dernier reflet d'un génie déjà condamné.

Et l'on condamnera de même le *Voltaire* de Pigalle (1714-1785), que l'artiste représenta dans sa soixante-seizième année, nu et décharné, en lui opposant le *Voltaire* de Houdon (*fig.* 37), chef-d'œuvre de vérité embelli par la force de l'expression. Mais Pigalle, en dépit de cette erreur, n'en demeure pas moins un réaliste des plus originaux bien qu'il n'ait point, à ce qu'il semble, atteint à la noblesse d'un Houdon.

A ces grands sculpteurs, nous ajouterons les noms

FIG. 74. — *Etoffe d'ameublement.*

d'Allegrain, de Jean-Jacques Caffieri (1725-1792) et de

Falconet, ce dernier particulièrement admirable.

Falconet (1716-1791), qui cumula la puissance et la grâce avec son *Milon de Crotone* et avec sa *Baigneuse*. Un *Milon de Crotone* que celui du Puget ne diminue pas, une *Baigneuse* (*fig.* 38) d'une pureté et d'un style qu'un Jean Goujon eût revendiqués.

FIG. 75. — *Fauteuil* (musée des Arts décoratifs).

Mais passons et, après avoir constaté l'essor particulièrement varié de la sculpture à cette époque, sous tous aspects, proportions et matières (en terre cuite principalement), bien qu'en réservant le chapitre de la décoration et des arts industriels, nous ferons observer d'ores et déjà l'orientation particulièrement délicate de la céramique.

N'oublions pas, d'ailleurs, que tout à cette époque demeure délicat, les sentiments comme le décor.

FIG. 76. — *Vantaux de porte* (musée des Arts décoratifs).

Aussi bien l'art sous Louis XIV visait aux grandes proportions, on peignait alors d'immenses toiles, la sculpture était monumentale comme l'architecture, dont les dômes réalisèrent la superbe. C'était le siècle de la lourde perruque qui devait ajouter encore à l'aspect de l'individu, c'était en somme l'heure de l'or-

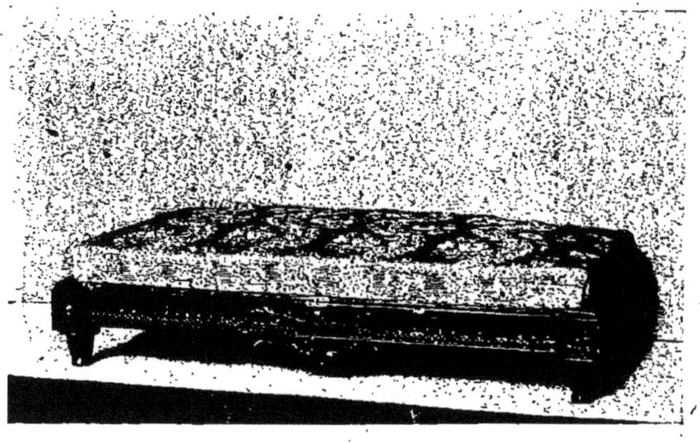

Fig. 77. — *Tabouret.*

gueil. Mais sous Louis XVI, nous voyons le contraire. Un désir impulsif de simplicité dirige à la fois la société et l'art ; il semble que cette noblesse inquiète respire le souffle de la Révolution et de l'égalité, perdant pied progressivement et revenant, dans un épouvantable pressentiment, à l'humilité, au sentiment du sol, de la nature, qui rattachent à la vie.

Et l'art, parallèlement, ne cherche pas à plaire sous un grand volume ; les statuettes dominent la statue,

Fig. 78. — *Cheminée* (musée des Arts décoratifs)

le tableau est plutôt petit, et quant à l'architecture du XVIIIe siècle, nous savons qu'en général elle a renoncé aux palais pour se réfugier dans l'intimité et fuir l'apparat.

On dirait que l'art redoute les hérésies esthétiques de la Révolution, la hache des vandales. Et nous ne répéterons pas que sous l'empire de ce trouble est née une expression particulièrement sensible et délicieuse.

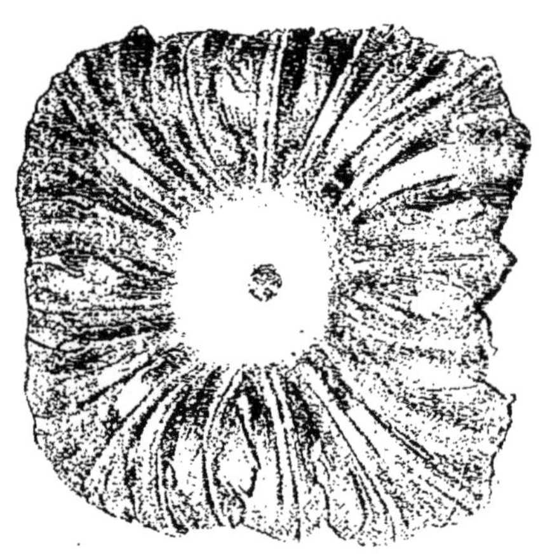

CHAPITRE VI

Vue d'ensemble du style Louis XVI

Après la révélation des ruines d'Herculanum (1713), de Pompéi (1755) et de Velleia, près de Parme (1760-1764), l'art se pencha, avec une curiosité de jour en jour plus ardente, vers le passé. On tenta la résurrection de la ligne antique dans le désir d'austérité que nous avons dit.

Toutefois, Pompéi conseilla à côté de la rigidité, ses fines ornementations, et le décor, d'une manière générale, ignora, dès lors, cette raideur qui caractérisera le style Empire.

Aussi bien l'esprit français préside à cette influence et, sans abdiquer les élégances précédentes, le Louis XVI, moins solennel, sera plus grave. Franc dans sa ligne, sans être compassé, c'est à-dire dédaigneux du galbe précédent sans être intransigeant dans la grâce, un peu mièvre, un peu féminin, froid et distingué, le style qui nous occupe est au surplus d'un goût très fin et homogène.

L'intimité de l'intérieur s'accentué et l'éclat des ors a été jugé trop tapageur ; le plus souvent le décor sera blanc s'il n'est gris clair ou de quelque autre nuance effacée, et l'or souvent n'apparaîtra qu'à l'état de filet mince. Les étoffes seront parfaitement calmes, à bandes droites fréquemment, à semis de fleurs réguliers ; ces étoffes souples, d'un chatoiement discret aux motifs de couleur tendre, proviennent des manufactures de Lyon. Des sièges foncés, en tapisserie d'Aubusson, de Beauvais, alterneront encore avec ce léger sourire, dans cet ensemble d'où sont bannies les peintures éclatantes au profit des roses passés, des verts d'eau, des camaïeux.

C'est l'heure de la nudité de grand ton, du redressement des axes comme des caractères. Les lambris, autrefois contorsionnés, sont à angle droit et inscrits dans des lignes sèches, tandis que les profils rigides des moulures consacrées achèvent de redresser l'aplomb des panneaux. L'usage des parquets se généralise.

Néanmoins, le luxe du XVIIIe siècle forme un tout inséparable de luxe et de galanterie et, si le Louis XVI morigène la Régence et le Louis XV, ce n'est guère que sur sa fin qu'il réussira dans sa réforme.

Mais l'intention de gravité suffit, en somme, à cette réaction, qui s'annonce premièrement par la rigidité du meuble (à défaut de celle des mœurs, plus délicates à ordonner), par le calme de la décoration, sous l'empire d'un esprit plus sérieux.

Fig. 81. — *Commode* (musée des Arts décoratifs).

L'accès de vertu ne va point alors jusqu'à condamner le boudoir, mais la grâce voluptueuse de celui-ci désirera seulement s'amender peu à peu, du moins dans l'honnête société.

On affectera de préférer au boudoir le petit salon de conversation, quelquefois ovale, pour que la transition du souple au rigide, soit moins brusque.

Or, si, le boudoir veut seulement se donner des airs prudes, il n'y atteint que grâce aux yeux plus indulgents, plus austères qui, en le regardant, ne veulent point y voir de malice.

Autrement, on a remarqué que, sous le règne du roi forgeron (Louis XVI), ces boudoirs — dans le monde équivoque, cependant — étaient particulièrement riches et voluptueux, et les hommes, en revenant à la simplicité du costume, semblent ainsi vouloir faire pardonner aux derniers écarts de Vénus.

Aussi bien, le luxe entraîne avec lui des débordements, et le règne de Louis XVI, malgré qu'il voit expirer les langueurs et les frivolités précédentes, malgré qu'il revienne à plus d'ordre et de réflexion, demeure fatalement inséparable de ce délicieux et fastueux XVIIIe siècle.

C'est ainsi que le boudoir — pour en revenir à cette pièce typique — de la marquise de Serilly, une des dames d'honneur de Marie-Antoinette — avec sa cheminée en marbre bleu turquoise, décorée de cariatides sculptées par Clodion, avec son plafond dû au pinceau de Natoire, avec ses fins panneaux peints ; c'est ainsi que le boudoir de la reine, à Trianon, si élégant, si distingué, comptent parmi les exemples d'une préciosité, qui, pour s'être mise dans un décor autre, n'en demeure pas moins riche.

Une belle estampe de Moreau le Jeune nous montre

bien la modestie de la chambre de Jean-Jacques Rousseau, mais écoutons, en revanche, la description de la chambre de Marie-Antoinette.

Certes, il va s'agir de la chambre d'une reine, mais

Fig. 82. — *Petite table.*

ne goûterons-nous pas d'autant le piquant du contraste, entre la sévérité de l'auteur de la *Nouvelle Héloïse* mettant son cadre en rapport avec ses théories, et Marie-Antoinette représentant la cour, avec un reste de somptueuse frivolité ?

Au fait, Jean-Jacques Rousseau, l'un des apôtres du retour à la vertu, ne visait qu'à convertir les humbles et n'inaugura-t-il pas la Révolution française en touchant d'abord le peuple ?

D'autre part, il eût été dommage que l'art, esclave du luxe, s'effondrât dans l'irrespect de la beauté passée et que la cour, bien qu'attentive au mouvement esthétique, bien qu'elle sacrifiât à moins d'aristocratie, renonçât subitement à cette grandeur à laquelle on est redevable, au résumé, d'un style d'une franchise remarquable.

La cour seule, d'autre part, centre rayonnant du luxe, conservatoire des élégances, devait donner la note exacte du style nouveau et, fort heureusement aussi, l'art veillait sur la qualité de la simplicité à l'ordre du jour.

Le style Louis XVI ne représente-t-il point, en somme, une aristocratique sobriété ? Et tout aussi aristocratique était ce défilé de grandes dames, Marie-Antoinette en tête, jouant à la paysanne, en robes de soie, dans les jardins au coûteux pittoresque de Trianon.

Artistique sobriété est bien le mot qui convient à caractériser la fragilité délicieuse du sentiment de cette époque au faste discret, entre une époque tapageuse et une ère sanglante.

N'oublions pas que, depuis la Révolution, après un

style d'improvisation (premier Empire) nous ne pos-

Fig. 83. — *Étoffe d'ameublement.*

sédons pas de style propre, et la cour de Louis XVI

nous apparaît, en l'occurrence, comme la dernière serre où l'on ait cultivé une fleur typique. D'où notre reconnaissance artistique.

Après cette longue digression, nous reviendrons à la description de la chambre de Marie-Antoinette, par H. Havard (*Dictionnaire de l'ameublement et de la décoration*) : « Qu'on imagine une immense pièce lambrissée en bas et décorée au plafond d'admirables boiseries dorées, la muraille garnie d'un splendide brocart à fond rouge, avec de grands cartouches larges d'une aune, de broderie d'or et d'argent, encadrée de pilastres à colonnes torses. Le lit à l'impériale en voussure, qui est drapé de même étoffe, n'a pas moins de quatorze pieds et demi de haut. Il est surmonté d'un couronnement richement sculpté, orné d'une corniche à contours, fleurons et guirlandes, qui porte de jeunes enfants tenant des branches de lis et se couronnant de fleurs. Pour atteindre à cet autel (style du temps) qui n'est pas estimé, à l'*Inventaire* de 1792, moins de 135.000 livres, la reine gravit un marchepied de deux marches couvert de satin. Un grand canapé, deux grands fauteuils, douze pliants, un paravent et un écran, tous couverts de ce magnifique brocart à cartouches d'or et d'argent, sont disposés en bel ordre autour de cette chambre merveilleuse. Deux lustres de cristal de roche descendent du plafond, soutenus par deux cordons à glands, que l'inventaire estime 3.000 livres. Une pendule rocaille, un feu représentant des sphinx dorés, et de chaque côté de la cheminée, deux paires de bras ornés de guirlandes de laurier, achèvent la parure de cette pièce somptueuse, dont l'ameublement, sans les lustres, monte, au prix

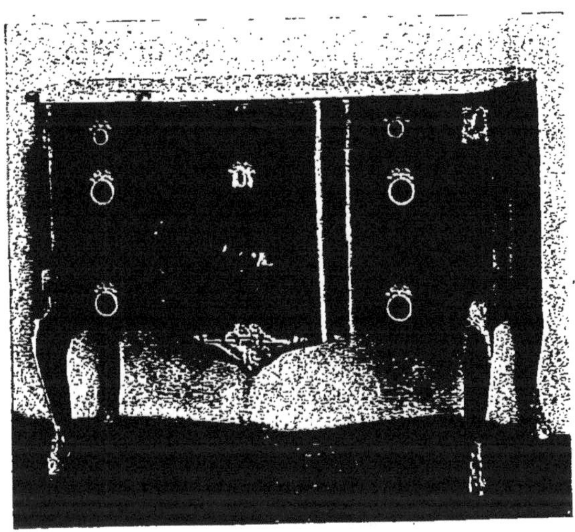

Fig. 84. — *Commode.*

d'estimation de l'*Inventaire* (inférieur certainement au prix d'achat), à plus de 286.000 livres, un demi-million de notre monnaie.

« Ceci était la chambre d'hiver ; la chambre d'été, pour être moins coûteuse, n'en était pas moins fort belle encore. Cette autre chambre était tendue de gros de Tours, broché sur fond blanc, avec dessin formé de fleurs, plumes de paon, rubans noués et encadré de bordures à fond violet également broché de fleurs. Le lit à la duchesse, tendu de pareille étoffe, était surmonté d'un couronnement fait de guirlandes et festons, avec des coqs et des aigles. Les sièges, tous à bois dorés, se composaient d'un canapé, de deux fauteuils, de douze pliants couverts de même étoffe. L'écran, le paravent, les portières et les rideaux étaient également de ce même gros de Tours. Cette seconde chambre, relativement modeste, ne fut estimée que 135.000 livres. »

Fig. 85. — *Chaise.*

D'autre part, la chambre à coucher « du modeste » Louis XVI est garnie d'un meuble de brocart « or frisé et or filé, liseré, broché vert sur fond cramoisi, orné de riches franges de cartisanes et torsades, or brillant et molet *idem*, avec tête et paillette, le

Fig. 86. — *Étoffe d'ameublement.*

tout en or fin » et valant la somme de 238.579 francs !

Et les philosophes tonnent contre « cet amas de mille superfluités qui prouvent que la philosophie moderne n'est pas celle des anciens ». « Tout ce qui sert aux besoins et à la décoration d'une maison, constatent-ils avec éclat, est ce qui est maintenant le plus grand objet de luxe et de dépense. On ne peut plus dormir que dans des lits superbes, et habiter un appartement s'il n'est magnifiquement boisé, avec un vernis et des baguettes en or, ou s'il n'est tapissé d'un damas à trois couleurs... »

C'est Mercier, enfin, qui écrira dans son *Tableau de Paris :* « On a donné aux ameublements une magnificence surabondante et déplacée. Un lit superbe qui a l'air d'un trône, une salle à manger ciselée, des chenets travaillés comme un bijou, une toilette d'or et de dentelles, sont assurément d'une ostentation puérile. Un palais où l'on ne voit que glaces, or et azur, m'attriste puissamment. »

Après cet éblouissement si injustement flétri, nous reviendrons à notre description d'ensemble.

Meubles légers et volants, guéridons, tables à ouvrage, à coiffer, en forme de « rognon », en bois rares et précieux de nuance claire, en érable, en if, en amarante ou en acajou, souvent en marqueterie ; bureaux, secrétaires, tables, etc., rehaussés de légers bronzes admirablement ciselés et dorés, de baguettes et moulures, de bagues, de chutes, de pieds ou sabots et de chapiteaux également dorés. Et ces ornements sont symétriques et rectilignes, et ces baguettes et moulures, très fréquentes, encadrent la construction générale du meuble.

Les plateaux des tables, des secrétaires, enfin, affec-

FIG. 87. — *Commode* (musée des Arts décoratifs).

tionnent certaine petite galerie ou balustrade de cuivre ajouré qui joue la bordure, et les chaises sont légères, les canapés étroits. Lits à baldaquin, à rideaux de soie tombant en chute, en bois peint ou aux panneaux recouverts de tapisserie. Commodes en acajou, dont les pieds sont de fines serres d'aigles ; des commodes à côtés arrondis, décorées de fines ciselures, aux montants à pilastres rectangulaires et enrubannés, soutenant des attributs allégoriques, surmontés de chapiteaux corinthiens entre lesquels pendent des guirlandes, etc.

Des consoles-buffets en acajou, à gradins, dont les sujets ciselés sont appliqués sur bois d'ébène, et des girandoles, des pendules (plutôt pendulettes), des baromètres, des vases en matières précieuses ; des tables en acajou massif dont les pieds ronds, bagués de cuivre, sont reliés par une tablette d'entre-jambes ; des étagères en ébène ornementé de cuivre ciselé, surmontées d'une plaque de marbre ; des petits secrétaires en bois d'amarante avec plaques de Sèvres ; des tables de déjeuner à deux plateaux superposés, etc. Et tout cela fin et élégant.

Si le style Louis XVI a fait siens les ornements antiques : oves, imbrications, rais de cœur, feuilles de laurier, etc., qui viennent remplacer les jets de fleurs improvisés, les palmes contournées, précédents, il insiste, d'une manière typique, sur les rubans, les perles, les guirlandes, les médaillons et le motif draperie.

Mais revisons les ornements du Louis XVI, en leurs principaux aspects :

Moulures aux rinceaux alternants, parallèles et de volumes égaux, très souvent unies aussi ; palmette calme, plutôt étroite et allongée ; chapiteau à volutes, type ionique, agrémenté de chutes de feuillage em-

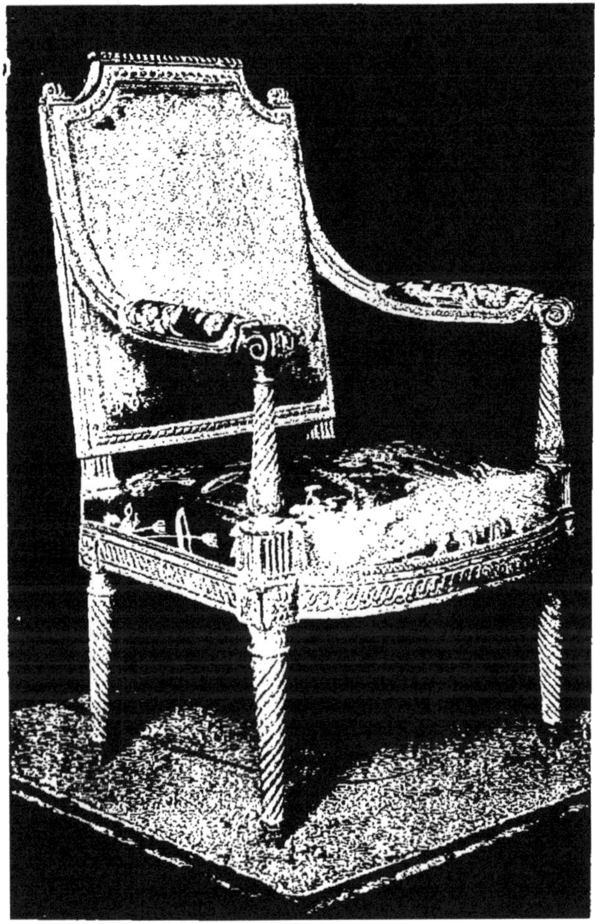

FIG. 88. — *Fauteuil* (musée des Arts décoratifs).

prunté de préférence au laurier et au chêne ; panneaux aux rinceaux symétriques ; palmes placidement enlacées, au volume nettement équilibré ; angles droits encadrant de lignes intransigeantes lambris et trumeaux ; rosaces singulièrement... carrées, ovales, triangulaires, etc., où le feuillage est symétriquement dénaturé ; guirlandes, comme les chutes de feuillage,

Fig. 89. — *Encoignure.*

traitées au naturel ; guirlandes de fleurs moins désordonnées que sous Louis XV.

Nous retrouvons le carquois Louis XV, dans les trophées Louis XVI, mais l'arc de Cupidon, auparavant mêlé avec une torche à une ornementation de feuillage et de fleurs, tend à représenter plutôt l'arc du guerrier, et la torche voudrait n'être plus

Fig. 90. — *Ecran.*

celle du frêle Amour, mais celle des héros antiques.

Pourtant, houlettes et pipeaux enrubannés, bergères et moutons, chalumeaux, cornemuses, tambourins, paniers de fleurs, nids d'oiseaux, etc., le motif pastoral enfin, persiste, seulement tempéré en son esprit jugé frivole, par des lyres ou des palmettes antiques.

Tous ces ornements Louis XVI sont en vérité d'une légèreté rappelant plutôt l'esprit de la Renaissance (arabesques, panneaux décorés de rinceaux, de médaillons, de plaquettes, de figures humaines, etc.) que celui de l'antique, malgré encore le souvenir du trépied, du camée, du bouclier romain, des thyrses, de l'urne, etc., qui figurent là sans doute pour calmer l'envol de la fantaisie, de même que les « grotesques » reviennent à la pureté et à la délicatesse.

Au reste, l'emblème rustique à l'ordre du jour — rappelons-nous le culte du jardin anglais en guise de vraie nature — prétend ne rien devoir qu'à la Vie, c'est le mot de passe de l'art qui s'efforce de nier aux précurseurs toute expression véritable; mais, en fait, il n'y a que le mot qui change, du moins en matière d'inspiration.

Aussi bien les siècles profitent les uns des autres, ils mêlent la beauté, qu'ils distribuent et répartissent avec plus ou moins d'enthousiasme selon leur caprice; mais sans se débarrasser complètement des précédents héritages.

Ainsi verrons-nous le Louis XVI demeurer fidèle aux fantaisies décoratives de l'Extrême-Orient qui, sous Louis XV et même sous Louis XIV, avaient été en faveur. Ainsi continueront à fleurir les laques sur les

FIG. 91. — *Bergère* (musée des Arts décoratifs).

cendres du vernis Martin; mais d'autre part, comme le goût de la mosaïque, de retour sous Louis XVI, est d'importation italienne, des décorations de porcelaine de Sèvres viendront, en revanche, donner une note bien nationale aux meubles qui nous occupent.

En un mot, l'esprit de Louis XVI demeure fidèle à la tradition française que le style Empire travestira à la manière grecque, et il se contente de revenir à plus de rectitude et de cohésion que sous Louis XV, simplement.

Voyez le cartouche Louis XVI, charmant, à côté du cartouche Empire, maussade. Le premier souple, sobre mais vivant; le second plat et sec, mort enfin.

Voyez la console Louis XVI aussi fuselée et gracieuse que celle du style de Napoléon Ier est trapue et ingrate. Cette console Louis XVI qui souvent s'enguirlande, lorsque la chute du feuillage ne lui suffit plus.

Voyez le balustre Louis XVI, bien galbé et tout nu, sa forme suffisant à sa beauté.

Et cette nudité du décor en général, aura sa séduction, elle correspondra à cette stricte politesse, à ce scepticisme, à cet esprit, à cette réserve, qui animent la société actuelle.

Cheminées de marbre blanc, petites, à linteaux étroits — remarquez le goût pour ce qui est étroit — ornés de feuilles de chêne, de laurier, d'imbrications et autres ornements antiques, soutenus par de menues cariatides, mais plus généralement appuyés sur des jambages droits bordés de discrets ornements.

Ornements souvent en cuivre, de même que les chenets et les pare-étincelles.

Dans la cheminée réduite qui motive des écrans moins vastes, au profit d'écrans à main fort goûtés,

FIG. 92. — *Petite table*, avec pieds-lyres (Petit Trianon).

les petits chenets ont succédé aux lourds landiers et la garniture de cheminée est de dimension mesurée, en bronze doré, en marbre. Les fleurs artificielles sont très à la mode, on voit sur les cheminées « des vases garnis de fleurs artificielles, accompagnées de plusieurs minéraux, le tout sous cage de verre » ou des rameaux en métal ciselé, ou des fleurs en porcelaine. Petites pendules, chandeliers fluets, leurs finesse trouvant sa compensation dans l'ampleur abandonnée.

Et les bois, à l'entour, sont laqués en gris lorsqu'ils ne sont pas sobrement dorés, achevant de donner aux pièces un aspect froid, correct et agréablement monotone.

Tout ce style est d'ailleurs dans l'aspect qu'il recherche, dans la rigidité du cadre qu'il donne à toutes ses expressions. Hormis le bureau à cylindre nécessairement ventru, le meuble se permet à peine quelque sinuosité, ses pieds sont droits et il veut être droit.

Cependant, bien des torchères, bien des consoles et certaines bases de pendules ont sous Louis XVI des faux airs de Louis XV et même de Louis XIV; soit par le galbe des pieds, soit par la lourdeur et l'abondance des détails. Mais outre que cela est l'exception, n'avons-nous pas parlé des sublimes contagions qui sont comme la solidarité de l'art à travers les siècles?

Ne confondons pas, néanmoins, l'avantage de ce trésor, de cette expérience de beauté latente dans les grands styles de la Renaissance et de ceux qui suivirent jusqu'au nôtre, excepté, avec la quasi-impureté qui frappe dans les meubles de fin ou de début de style. Une phase de transformation ne saurait, en effet, être comparée à un résultat, à un acquis et, les styles de transition n'ont qu'un intérêt relatif, ils font patienter.

Bref, le style Louis XVI est rigide et droit. La pastorale inscrite dans un médaillon qui figure dans tel écran, par exemple, est dans un cadre droit, selon l'époque. Qu'importe que des torches, que des carquois servent de montants à ce cadre, en souvenir de

Fig. 93. — *Fauteuil* (musée des Arts décoratifs).

Boucher! Ne sont-ils pas maintenant enguirlandés, que dis-je, prisonniers sous des chaînes de fleurs? Et puis, ne voyez-vous pas que les moulures étroites, inscrites à l'entour de ce cadre droit, sont purement antiques? Reste le motif arc disséminé dans le feuillage, qui couronne cet écran. D'abord, contesterez-vous à ce feuillage sa liberté naturelle? Et voyez enfin le nœud de ruban qui ponctue ce tout, à la manière de Louis XVI!

Aussi bien, les amours potelés, les nuages roses, les

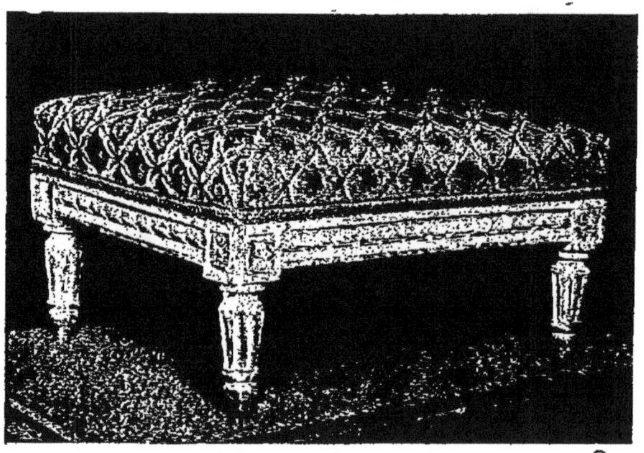

FIG. 94. — *Tabouret.*

bergers et les bergères d'opéra-comique, chers à Boucher, chassés de la peinture et de la sculpture, ne revivent guère maintenant que dans la tapisserie, et encore préfère-t-on à ces « fadaises », des bouquets de fleurs, des compositions décoratives sans sujet précis, des ornements empruntés, comme toujours, à la nature.

D'ailleurs, la peinture décorative malgré les délicatesses de Salembier, de Rançon, de Delalande, de

Delafosse[1], de Prieur, entre autres, s'efface pour dis-

Fig. 95. — *Coiffeuse.*

paraître presque, devant les glaces dont cependant le perfectionnement ne permet pas encore les grandes

1. Delafosse mérite une mention spéciale. Ses créations décoratives, notamment dans le meuble, sont d'une fantaisie typique, au point que les connaisseurs distinguent un « style » Delafosse. Les œuvres de cet artiste se remarquent au luxe et à l'abondance de leur ornementation bien Louis XVI, mais affranchie

dimensions. Les glaces voudraient remplacer les trumeaux comme les peintures et, par nécessité cependant, on adopte de petits carreaux pour les fenêtres, et, pour les impostes, les croisillons qui encadrent les vitres, sont disposés en éventail. La difficulté de fabriquer de grandes vitres, à cette heure, conseille, en effet, les châssis à carreaux garnis de croisillons de bois qui permettent l'emploi des verres de petite dimension. Et comme, d'autre part, la mode est aux grandes glaces, les « cheminées de glace » qui sont aujourd'hui nos glaces de cheminées, étaient prolongées soit au moyen d'autres morceaux de glaces tant bien que mal rajustés, soit par des peintures ou des bas-reliefs de sculpture.

Si, sur le mur, on ne dédaigne pas la tapisserie, les boiseries unies, les lambris peints ou sculptés, brodés même, singulièrement rénovés, avons-nous dit, de la Renaissance, sont particulièrement en faveur, et les niches décorées de vases remontent encore à ce style.

Le papier peint est aussi en vogue et il alterne avec des pékins, perses, soies, velours, taffetas à bandes moirées et brochées, brocatelles (étoffes brochées de fleurs et de figures) ; les dessus de portes d'autre part,

de la rectitude constructive que l'on est habitué de rencontrer à cette époque. Delafosse s'évertue à un joli désordre de lignes, très caractéristique, à un style Louis XVI composite du meilleur aloi.

et les meubles, affectionnent les tapisseries de Beauvais tout comme les montants et les murs aiment à se parer d'Aubusson.

Chassée du mur, la peinture décorative se réfugiera dans l'industrie où elle se développera; nous la verrons florissante dans le mobilier. Ainsi la suite de Boucher trouvera-t-elle à faire accepter son talent que l'esprit nouveau répudie. Des peintures en camaïeu, de petits bas-reliefs, des porcelaines de Sèvres, des plaquettes s'encastreront dans le meuble; toute une révolution, par ce fait, va naître. Et, tandis que l'on innovera aussi des figures cariatides dans les angles du meuble, des griffons et des sphinx apparaîtront dans les supports.

Fig. 96. — *Écran.*

Si, d'une manière générale, on a banni dans le meuble, la grâce des courbes, si on n'y succombe que contraint et forcé, dans quelques baldaquins de lits (celui de la reine Marie-Antoinette, au palais de Fontainebleau, notamment), dans quelques retours d'ébénisterie lorsque les pans coupés ne suffisent pas, il n'en est pas de même de l'orfèvrerie. Pour atteindre à cette élégance qui la caractérise alors, nous verrons l'orfèvrerie, en effet, fidèle aux lignes souples ; elle sera plus symétrique, mais elle demeurera aussi précieuse que sous Louis XV. Toutefois, les ciselures seront moins saillantes qu'à cette dernière époque.

Mais, pour en revenir au meuble dont nous n'esquissons encore que l'aspect d'ensemble, quand les pieds ne sont pas tout droits, on les incurve, on les cintre légèrement mais sans jamais tomber dans la torsion du Louis XV ; encore, ces pieds incurvés, cintrés, à peine — relevant plutôt du style de transition — sont-ils souvent accompagnés rigidement en leur timide inflexion, par un galon ciselé de motifs antiques.

Le triomphe du Louis XVI est la cannelure, et les pieds de fauteuils fuselés, en forme de carquois, de flambeaux ou à toupie, ronds ou carrés, souvent à sabots de cuivre, sont volontiers aussi cannelés.

On a dit justement que le XVIIIe siècle était le siècle des tapissiers, cela nous dispensera d'insister sur le goût de la draperie qui, cependant, tend sous Louis XVI à moins de frivolité ; c'est-à-dire que la frivolité du Louis XVI, chassée du meuble de fond, se réfugiera dans une foule de petits objets, plus ou moins utiles, d'une invention et d'une préciosité où la ciselure, comme l'orfèvrerie, communieront de beauté.

L'esprit français du XVIIIe siècle n'est qu'un bloc, en somme ; il manifeste seulement, sur sa fin, un caprice boudeur, et, les colombes se becquetant, les bergers et les bergères enrubannés qui régnèrent sous Louis XVI, n'était l'auguste attirail antique refrénant leur fantaisie, n'était leur discipline, leur rôle maintenant secondaire, ne sont pas éloignés de ceux de la Régence et de Louis XV.

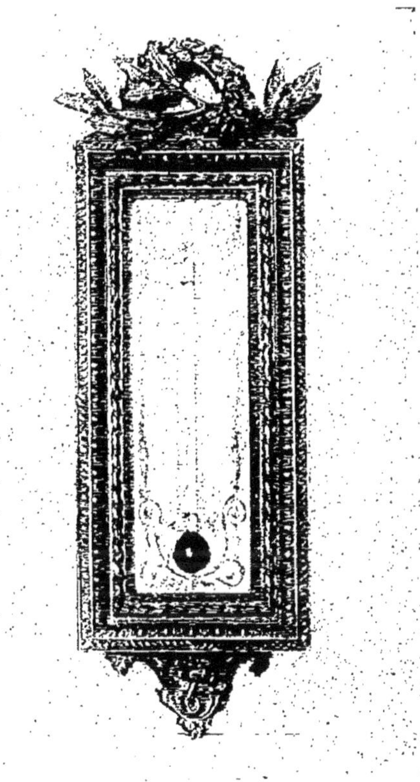

Fig. 97. — *Thermomètre.*

Mais, bannies de la grande peinture et de la grande sculpture, répétons-le, nous verrons seulement revivre ces délicieuses légèretés, dans les statuettes de terre cuite, en biscuit de Sèvres, dans les pendules, sur maints bibelots et menus ornements, sur des boiseries et des panneaux, en arabesques.

Selon le goût champêtre et sentimental de l'heure, cœurs, arcs et carquois, flambeaux d'hyménée, paniers et houlettes fleuris, chapeaux de paille de bergères, rubans flottants, outils de jardinage, trophées de chasse, tous ces emprunts gracieux, mêlés à des feuillages grêles doivent, à des sphinx, à des thyrses, à des trépieds classiques, leur quasi-transformation, leur caractère de soi-disante épuration.

Combien la tenture du boudoir de Marie-Antoinette, à Trianon, avec son motif de paniers alternant avec des chalumeaux, des oiseaux et des nids, reflète bien le style du temps ! Combien aussi, les Amours de Clodion apparaissent se réclamer de l'antique, ainsi que tous ces petits bas-reliefs de nudités voluptueuses dues au maître décorateur, à côté des Amours d'un Boucher ! Ce n'est point la même esthétique qui guida les deux artistes — leur légèreté n'est qu'analogue. Boucher reflète l'esprit de la Régence et de Louis XV; Clodion, malgré néanmoins qu'il retarde comme genre sur son époque, a bien travaillé dans le style de Louis XVI.

L'idylle chez Boucher est mythologique, la facilité de l'expression chez le peintre de la Pompadour n'oserait se réclamer de l'esprit antique comme l'idylle,

Fig. 98. — *Cartel.*

même risquée, de Clodion, ciseleur de formes, sculpteur classique.

Aussi bien, le carquois de Cupidon relégué maintenant au pied des meubles, tient à personnifier jusqu'à la fin l'esprit du XVIIIe siècle. David n'a point encore fait les gros yeux. Mais nous n'aborderons le détail du meuble qu'au chapitre suivant ; cet exposé général de l'esprit du décor et du mobilier sous Louis XVI suffisant à dépeindre son atmosphère d'ensemble.

CHAPITRE VII

Le meuble et les ébénistes

Nous allons maintenant, aborder l'ébénisterie sous Louis XVI. Au fur et à mesure de nos descriptions, aidées par la gravure, se préciseront et se classeront les caractéristiques envisagées seulement dans leur généralité, au chapitre précédent.

Malgré que la reine Marie-Antoinette se soit adressée, avec une préférence marquée, aux artistes allemands comme David Röentgen, Beneman et Schwerdfegher; les J.-F. Leleu, les C.-C. Saunier, les E. Avril, les Carlin, les E. Levasseur et tant d'autres ébénistes français, ont au moins l'avantage de pouvoir manifester leur génie, sans l'aide impérieuse de l'architecte décorateur.

Si le crayon des Cuvilliés, des Ranson, des Delafosse, des Dugourc, entre autres, est souvent sollicité par les maîtres du meuble, les ébénistes allemands ne peuvent s'en passer, à moins d'être lourds et secs, à la façon germanique.

Aussi bien, lorsque Dugourc, dessinateur des meubles de la couronne, donnera des croquis à Beneman, émule et compatriote de Riesener, il sortira des œuvres délicates, qui, après avoir orné les appartements de Marie-Antoinette à Saint-Cloud, viendront faire notre admiration, au Louvre.

Quant à J.-H. Riesener, dont la gloire, après avoir brillé sous Louis XV, se poursuit avec autant d'éclat sous Louis XVI, il est un rare exemple de l'esprit tudesque transformé à notre acception bien française. D'ailleurs, cet artiste était venu jeune à Paris, et on peut, pour ainsi dire, le compter parmi les nôtres.

Bref, dès la fin du règne de Louis XV, la marqueterie, sous l'inspiration de Oëben, avait été adoptée avec ferveur. Les bronzes n'étaient plus que secondaires, tandis que les panneaux ornés de fleurs ou d'oiseaux en mosaïque, aussi beaux que corrects (témoin les meubles de Levasseur, de Lebesgue, entre autres), recherchaient une correction nouvelle. Le bois d'acajou, d'autre part, avait pénétré dans le palais de Versailles au milieu du XVIIIe siècle, apportant sa note de sévérité que devait exagérer, dans la massiveté, le premier Empire.

Fig. 101 — *Pendule.*

Le salon de la princesse de Lamballe, dit-on, comptait vingt-quatre chaises d'acajou en forme de lyre et Mme de Genlis écrira, en haine du bois nouveau et des Anglais qui l'avaient introduit en France : « Ils ont fait passer la mode de la dorure, par leurs bois des

Indes. Ces bois unis ont aussi rendu gothiques parmi nous les sculptures en bois, art dans lequel nous excellions. »

Toutefois, si au XVIIIe siècle les ébénistes sont particulièrement associés aux architectes décorateurs, ils demeurent exclusivement maîtres de la technique du meuble, et même, il a été prouvé que Riesener dessinait personnellement ses œuvres, le plus souvent ; et, par cette vertu qu'ignorèrent ses compatriotes, le premier des ébénistes qui vivaient sous le règne de Louis XVI ne mérite-t-il pas d'être classé décidément parmi nos artistes nationaux ? Voyez, Riesener dont le génie sera dédaigné par le premier Empire, après avoir cueilli tous ses lauriers en France, mourra dans son pays d'adoption, dans son ingrate patrie, pour ainsi dire.

En revanche, Schwerdfegher, livré à son unique talent d'ébéniste, dans la magnifique armoire à bijoux qu'il exécuta pour sa royale compatriote, Marie-Antoinette, brillera plutôt par la richesse des bronzes et des peintures, par la somptuosité des matériaux que par l'élégance de la ligne, que par la délicatesse de la forme architecturale.

Mais, arrêtons-nous un instant à Riesener.

En laissant de côté l'œuvre du maître, qui se rattache spécialement au style de Louis XV ; sans revenir sur l'hésitation de son génie pour ainsi dire souvent « à cheval » sur cette dernière époque et celle qui va suivre, on s'accorde pour saluer l'avènement d'un pur style Louis XVI, seconde manière de Riesener, dans un bureau exécuté en 1777. Ce bureau, d'une marqueterie losangée soigneusement finie, mais plus discrète que précédemment, aux bronzes délicatement ciselés mais d'un sage et précieux relief ignoré par ses devanciers, aux angles enfin revenus à la ligne droite, est d'un Louis XVI typique.

Fig. 102. — *Cadre et miniature.*

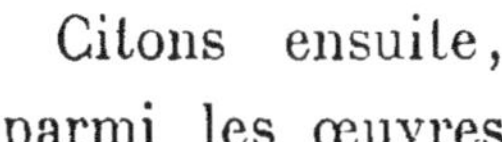

Citons ensuite, parmi les œuvres du célèbre ébéniste, un petit cabinet-secrétaire demi-circulaire, décoré de vieux Sèvres, à bouquets de fleurs, reposant sur une table dont les pieds angulaires sont joints par un entre-jambes à corbeille carrée (les porcelaines peintes sont très à la mode sous Louis XVI, pour remplacer les panneaux ornés de marqueteries ou de moulures).

Un petit bureau en acajou, à tablette de marbre bordée d'une typique galerie de cuivre, sur le devant excepté, dont le bandeau s'agrémente de capricieux ornements enlacés, ciselés ainsi que les coins enguirlandés de fleurs, du meuble, et les bagues placées dans la partie supérieure des pieds. Pieds élancés à facettes bordées de cuivre sur leurs angles, sabots de cuivre en forme de tulipe.

Un secrétaire aux panneaux de vieux laque du Japon, dont les bronzes en cuivre ciselé sont des couronnes de fleurs, des guirlandes relevées par des clous et des fleurons, des retombées de fleurs de chaque côté du panneau central. Sur le bandeau, au milieu d'une succession de petites couronnes, le chiffre de Marie-Antoinette, et les pieds, culots et consoles, empruntent encore au feuillage avec une souplesse et une abondance prodigieuses.

Une petite table à pieds cannelés, à marqueterie losangée, ornée de feuillages de bronze.

Une commode, aux panneaux de marqueterie représentant des instruments de jardinage, des fleurs, des vases, sur fond quadrillé de plusieurs nuances, aux ciselures sur le bandeau, à oves et à guirlandes ajourées.

La marqueterie à fond de losanges apparaît typique

dans les ouvrages de Riesener et, d'une manière générale, ses chiffonniers, ses cabinets, etc., sont marqués au coin du goût à la fois le plus sobre dans la ligne et le plus riche dans l'ornementation.

Fig. 103. — *Urne-cassolette en porphyre.*

Notons, encore, de Riesener : un petit bureau à mosaïque fleuronnée, dont les draperies alternées de bronzes à bouquets, relient la partie centrale aux chapiteaux et dont les pieds, sur leur face antérieure, s'ornent d'une chute de guirlandes.

Souvent, des médaillons de bronze ciselé occupent la partie centrale des meubles signés de ce maître.

Après Riesener, l'ébéniste le plus fameux est Martin Carlin. De cet artiste, on cite des encoignures de vieux laque aux encadrements bordés de moulures de cuivre ciselé et surmontés de guirlandes tenues par des motifs rubans, au bandeau fait de rameaux de feuillages attachés par un ruban, aux montants d'angle formés par des balustres détachés et fuselés que surmontent des corbeilles de fleurs.

Une commode présentant trois panneaux, dont le panneau central figure une grande rosace en marqueterie, et les côtés des ornements losangés en bois teint de plusieurs couleurs. Mais ce meuble, malgré la délicatesse des bronzes ciselés qui l'habillent au surplus, bien qu'il touche au genre de Riesener, est inférieur comme marqueterie aux productions de ce maître.

La manière de Carlin préfère d'ailleurs l'ébène, les parures de mosaïque en pierres dures et de laque, qu'entourent des draperies relevées par des glands de bronze ciselé.

Parmi les autres ébénistes connus sous Louis XVI, répétons les noms de Etienne Avril (aux meubles d'acajou, dont les panneaux sont bordés de perles, dont les vantaux affectionnent les plaques de porcelaine), de Claude-Charles Saunier, de J.-F. Leleu, de E. Levasseur, puis ajoutons ceux de Nicolas-Pierre Séverin, de Boulard, de Lenoir, de Brizart père, de Pafrat, etc., qui concourent à donner au style Louis XVI sa simple et riche signification.

D'autre part, en première ligne, à côté de Riesener, avec qui ses ouvrages ont été souvent confondus, il

FIG. 104. — *Pendule.*

faut citer l'ébéniste allemand G. Beneman, dont nous décrirons quelques œuvres.

Meubles en bois d'acajou de forme cintrée, flanqués au milieu d'un médaillon en biscuit de Sèvres bordé de fleurons enroulés, et relié au bandeau par des rubans sortant d'une gueule de lion. L'ensemble serti de fines ciselures, notamment la frise aux motifs de feuillage, les coins fleuronnés et décorés de tiges d'arbustes, sans oublier sur les côtés desplaques de Sèvres peintes de bouquets.

Fig. 105. — *Urne en onyx et bronze ciselé.*

Commode en bois d'acajou portant sur des pieds en serres d'aigle. Côtés arrondis, motif central du panneau à instruments de chasse mêlés à des branchages surmontés de colombes, le tout en cuivre ciselé et incrusté. Montants à pilastres rectangulaires auxquels des attributs allégoriques sont reliés par des rubans, coiffés de chapiteaux corinthiens fleuris de guirlandes.

Fig. 106 — *Miniature.*

Commode dont les montants en gaines à fuseau aboutissent en figures d'enfants, dont la frise du bandeau reliant les coins arrondis du meuble cumule des torsades semées de fleurons et où dominent deux aigles.

Et d'autres meubles d'une décoration somptueuse, moins délicate néanmoins, que celle d'un Riesener.

Le nom de David Roëntgen vient ensuite sous notre plume; puis ceux de Weisweiler et de Schwerdfegher. Ces trois artistes aussi sont Allemands.

De Roëntgen, des tables ovales décorées de sujets

mythologiques, de chinoiseries ou de pastorales en marqueterie. Mais, d'une marqueterie spéciale dont les modelés sont obtenus dans l'ombre, avec des lamelles de bois dur et serré.

De David Roëntgen, ébéniste-mécanicien de la Reine, des secrétaires surmontés de pendules, pendules dont il faisait le commerce, des régulateurs souvent signés de David et de Kintzing, des meubles d'une nudité en somme, et d'une lourdeur inséparables de l'origine de leur créateur.

De Roëntgen aussi, sans doute, le bureau à cylindre en acajou offert à Louis XVI par les États de Bourgogne; bureau dont la partie supérieure est ornée d'un médaillon enrubanné du roi, ciselé par Duvivier, où l'on remarque, bordant le cylindre, des imbrications à l'antique également en cuivre, ainsi que la galerie à jours qui avoisine à droite et à gauche le médaillon, et les moulures simples ou à oves et à chapelets, chutes, culots, etc. Le meuble repose sur quatre pieds en façade, quadrangulaires, ornés de sabots également carrés.

De Weisweiler, des œuvres en revanche, d'une délicatesse presque outrancière, comme tel petit bureau aux montants formés de grêles cariatides en cuivre, terminés par des pieds également en cuivre, solidarisés par un mince entre-jambes au milieu duquel on voit une légère corbeille; petit bureau enrichi sur

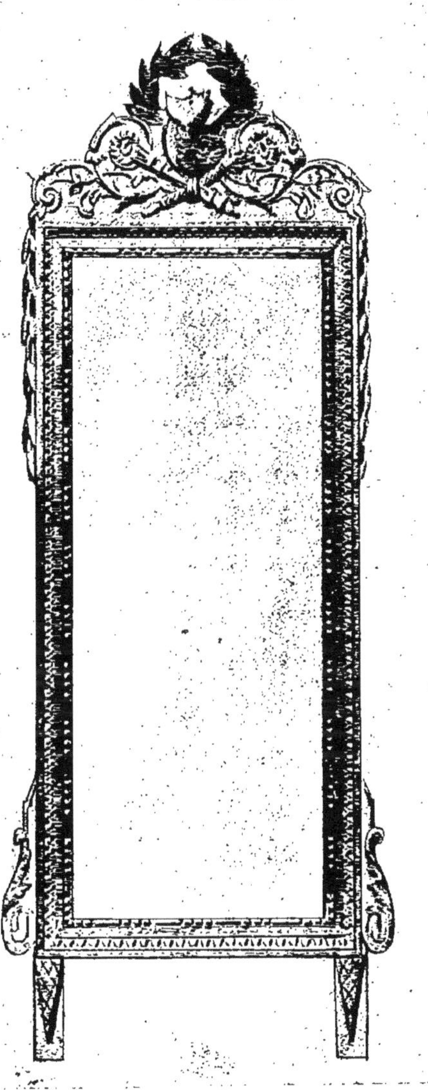

IG. 107. — *Glace.*

son bandeau étroit, de plaques d'acier poli incrusté de cuivre et d'une plaquette de vieux laque.

Quand à Schwerdfegher, son œuvre la plus remarquable est la fameuse armoire à bijoux de Marie-Antoinette dont nous avons déjà vanté la richesse plutôt que la grâce architecturale.

Voici en deux mots la description de ce meuble actuellement au petit Trianon. Il est composé d'une caisse oblongue reposant sur quatre pieds droits en façade simulant des carquois. Quatre cariatides de femmes séparent sur le fronton, trois panneaux. Au-dessus du panneau du milieu, le plus large, un motif à trois personnages tronque seulement, avec les cariatides placées aux extrémités, l'aspect rectiligne de la caisse. Sur le panneau du centre, on voit un grand médaillon bas-relief, encadré de cuivre ciselé sur fond de nacre. Au-dessous de chaque panneau, d'autres panneaux oblongs; sur les côtés du meuble, des arabesques sous verre, peintes et bordées de nacre de perle. Les quatre pieds qui figurent sur la façade du meuble ne sont pas espacés régulièrement; au milieu, dans l'intervalle le plus grand, un médaillon déborde harmonieusement du bas de la caisse et deux petits médaillons, qui surmontent des guirlandes à jours, réunissent les pieds, à droite et à gauche du grand intervalle.

Mais ce que l'on ne saurait décrire, c'est la délica-

Fig. 108. — *Chandelier en cuivre ciselé et doré.*

tesse de ces ciselures, de ces bordures, toute cette facture remarquable enfin, mais d'ouvrier plutôt que d'artiste.

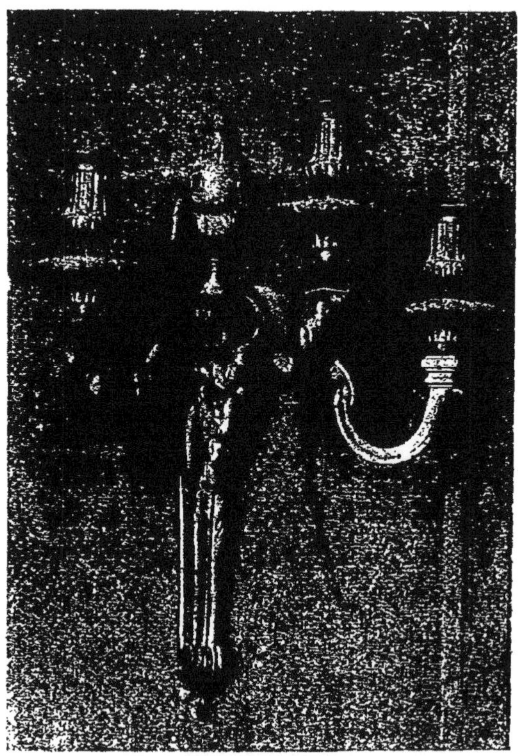

Fig. 109. — *Candélabre-applique* ou *bras.*

Secrétaires en bureau de divers bois des îles et des Indes, en bois de rapport à placages et abattants à cylindre ; secrétaires à armoire de bois violet et rose à placages, à dessus de marbre ; secrétaires en bois d'amarante, bas d'armoire (ou grandes armoires coupées en deux, en usage dès la fin du XVIIe siècle pour remplacer les armoires monumentales et qui sont nos buffets actuels), bonheurs-du-jour ou secrétaires de dames; bureaux à serre-papier, médailliers, cabinets, tables à ouvrage, bureaux-chiffonniers souvent en pa-

FIG. 110. — *Presse-papier.*

lissandre, tables à la grecque, tables de déjeuner, tables-consoles, tables de toilette à compartiments, tricoteuses, petites tables guéridon, coins ou meubles d'angle, coins ou étagères — ces étagères dont celle de Marie-Antoinette, au Garde-meuble, est le type — adjointes aux deux côtés du meuble, pour rappeler la forme arrondie et adoucir l'acuité des angles ; buffets, petites étagères en écoinçon, commodes et encoignures en laque, consoles fréquemment peintes en gris, servantes, psychés qui, combinées avec l'armoire abandonnée sous Louis XVI, engendreront notre hideuse armoire à glace ; vitrines, petites chiffonnières, et en somme, répétons-le, un grand nombre de meubles volants d'une charmante futilité.

Parfois, on imite le genre de Boulle dans l'ébénisterie, tantôt l'orfèvrerie empiète sur le domaine du bois, qui disparaît ainsi sous une cuirasse d'ornements métalliques, et tantôt la marqueterie de bois, voire l'acajou nu, suffit à la beauté du meuble que l'on peint ou l'on dore, d'autre part, aussi volontiers qu'on l'incruste.

Nous parlerons ensuite du lit.

Pour débuter, nous compléterons la description du lit d'été de Marie-Antoinette à Versailles. Il était « à la duchesse, avec impériale en voussure et couronnement composé d'une corniche, guirlandes et festons, coqs et aigles, le tout en sculpture dorée, de 6 pieds 8 pouces de large, sur 7 pieds 10 pouces de long et 14 pieds 7 pouces de haut » ; les embrasses qui retenaient les draperies en gros de Tours et brocart brodé de molet d'or fin, faites en guirlandes de fleurs de cartisane étaient estimées à elles seules 1.600 livres.

Aussi bien le lit de Louis XVI, au même palais, ne le cédait en rien au précédent, par la richesse. Il était « à la duchesse, avec l'impériale en voussure,

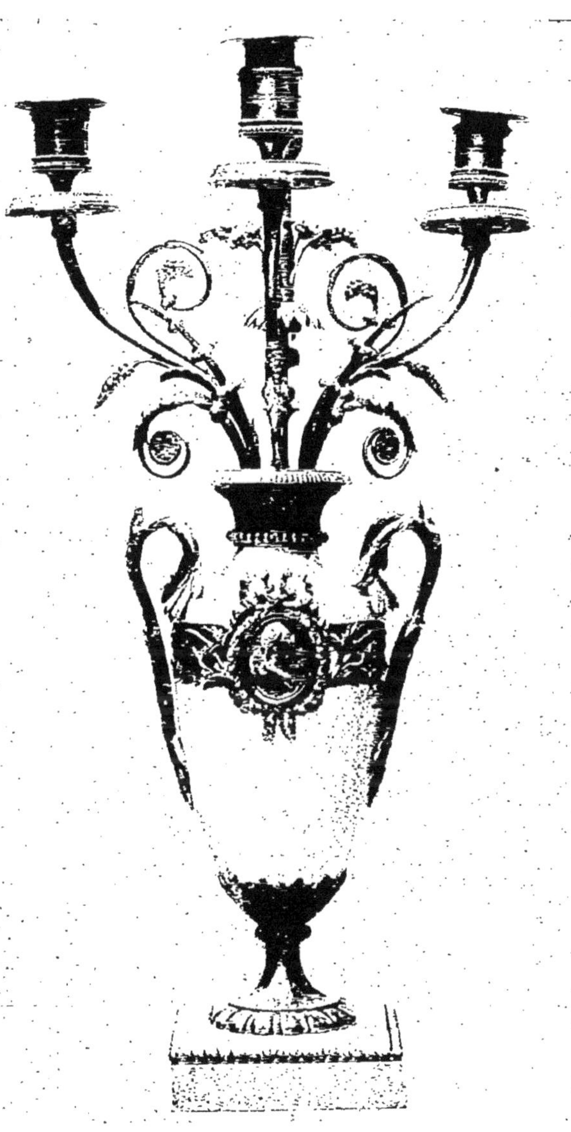

Fig 111. — *Vase-candélabre.*

terminée par une couronne royale posée sur un carreau, ornée d'une corniche taillée de divers ornements, de casques, têtes et dépouilles de lions, de lauriers, attributs militaires et enfants tenant des couronnes, le tout sculpté et doré », les cloisons latérales du lit étaient ornées de boucliers et de cornes d'abondance et la couchette se parait de motifs analogues, sculptés et dorés. Quant à la draperie, elle était de satin et de gros de Tours cramoisi, bordé de cartisane d'or.

Fig. 112. — *Chandelier en cuivre doré et ciselé.*

Mais c'étaient là des lits de luxe et, au palais de Fontainebleau, la couche de la reine avec son baldaquin somptueux, ses riches courtines relevées a l'endroit du dossier tapissé, décoré d'amours sculptés qui tiennent son monogramme et bordé de carquois, ne dépare pas la collection des lits royaux, d'un luxe plutôt uniforme.

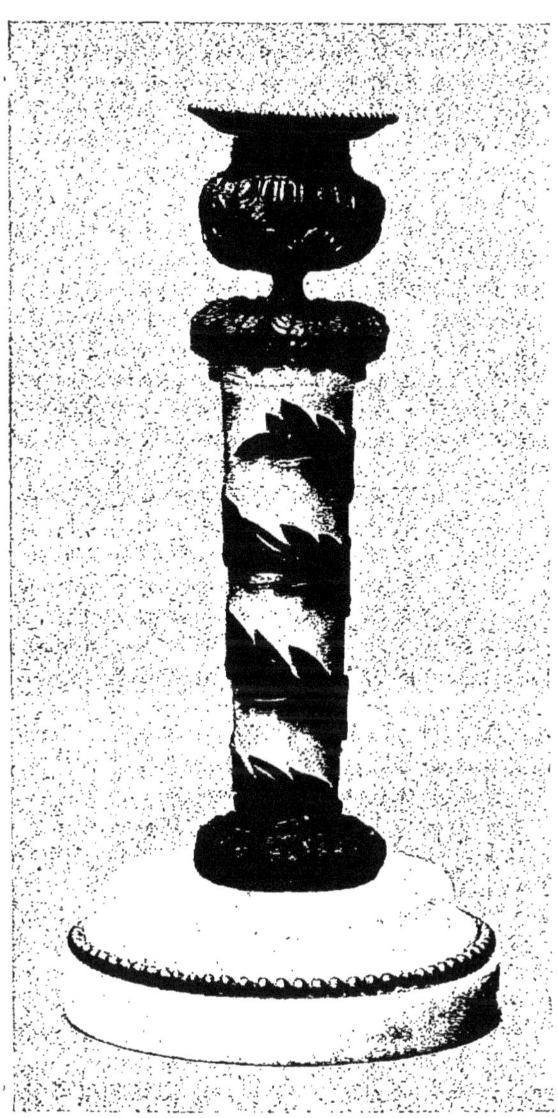

Fig. 113. — *Chandelier en marbre blanc et bronze ciselé.*

Lits surélevés de marches, aux boiseries latérales absentes, magnifiques avec leurs ciels surmontés de bouquets de plumes; lits féeriques plutôt que très caractéristiques, car leur beauté relève plutôt de la tapisserie que du meuble proprement dit.

Autrement, le lit ordinaire, ou mieux courant, trouve dans la sobriété de sa construction architecturale une grandeur plus attachante, comme davantage de style, enfin.

C'est le cas du lit de Marie-Antoinette au Petit Trianon, par exemple, dans une chambre dépourvue de toute solennité, d'une très grande élégance certes, mais plutôt chambre d'une riche bourgeoise que celle d'une reine.

Aussi bien, sous Louis XVI, l'alcôve fait souvent partie de la menuiserie, le cadre de la couche devient ainsi plus rigide et, en dehors des guirlandes légères, le décor favori du lit consiste en cannelures et en rosaces.

Les alcôves sont revêtues aussi de lambris dans toute la hauteur, moins cependant le pourtour intérieur qu'une étoffe, semblable à celle du lit, garnit.

Et la corniche du plafond vient jusque sur le devant de la grande ouverture à chambranle, tandis que des portes vitrées sur les côtés ou les dessus de portes s'adornent de glaces tamisées par des gazes peintes.

Les portes enfin étaient surmontées de frontons à

colonnes et à figures. Tel est le cadre du lit représenté par l'alcôve, tant en faveur à l'époque qui nous occupe.

Fig. 114. — *Vase en jaspe et cuivre ciselé.*

Si le lit n'a pas renoncé aux panaches et aux plumes si riants au temps de Louis XV, il a simplifié ces gais atours, et sa grâce maintenant cumule le style Renaissance et le style de Pompéi.

Sans insister sur les lits d'ange, à la polonaise, en tombeau, à la dauphine, à l'anglaise, etc., plutôt curieux, nous trouvons un lit tout en bois aux lignes calmes,aux sculptures sobres qui nous séduit davantage par sa correction. Il est peint en blanc, en vert d'eau ou en gris, lorsque les panneaux du châlit ne sont pas en marqueterie ou tapissés d'étoffe rembourrée et piquée, parfois même décorés de peintures galantes.

Ses sculptures, empruntées à l'ornementation grecque, sont d'un faible relief, elles n'existent qu'à l'état de bordures étroites et seulement, aux frontons du dossier et du pied qu'encadrent des colonnettes fréquemment coiffées d'un motif panache, on voit une sculpture plus importante représentant des groupes d'instruments de musique champêtre, des paniers fleuris, des colombes, etc.

Les colonnettes sont cannelées, et elles se terminent par des pieds en fuseaux, en carquois, en flambeaux, en toupie.

L'ornementation, souvent aussi, ne comporte sur les frontons, qu'une cannelure dont les sillons verticaux vont en augmentant de hauteur de la base jusqu'au sommet du fronton, suivant son développement, et ce dernier est seulement couronné d'une sorte de vase antique. Une rosace cannelée, fréquemment encore, s'épanouit au milieu du fronton.

Mais le fronton n'emprunte pas toujours aux lignes froides de l'antique; on le voit nombre de fois remplacé pas deux volutes, à peine enroulées, réunies par un ornement (couronne et palmes, entre autres).

Fig. 115. — *Petit meuble en laque de Chine.*

Aussi bien le dossier et le pied du lit affectent parfois une forme arrondie, voire en médaillon encadré de colonnettes.

Delafosse, d'autre part, a dessiné des lits dans une formule composite, d'une grâce de détails et d'une désinvolture architecturale qui, pour demeurer purement Louis XVI, n'apparaissent pas moins tout différents des précédentes conceptions. Delafosse s'affranchit le plus souvent des exigences de la colonnette et, si le dossier existe encore, le pied du lit et les côtés très réduits, connaissent sous son crayon des décrochements inédits, décrochements enguirlandés, fleuris à profusion.

D'une façon générale, néanmoins, l'aspect d'ensemble des lits est plutôt sec, nettement ordonnancé et d'une richesse froide.

Quant aux rideaux, ils sont de tissus frais, en lampas, en toile de coton brodée, en soie claire; on bannit les indiennes, et les toiles de Jouy du célèbre Oberkampf triomphent — Oberkampf à qui Louis XVI donna des lettres de noblesse en 1787.

Les tentures brodées sont aussi très estimées, la broderie que les femmes affectionnent, conquiert d'autre part la faveur des hommes ; on brode jusque dans les casernes !

Il convient maintenant de récapituler les motifs décoratifs les plus typiques du style qui nous occupe. Dans l'ensemble, nous sous-entendons ces signes caractéristiques parmi les descriptions où ils ne figurent pas, car ils pourraient tout aussi bien y figurer. Il va sans dire que ces motifs concernent aussi bien la menuiserie que l'orfèvrerie.

Ce sont principalement : la *perle*, la *guirlande*, le

ruban et le *nœud de ruban*, la *cannelure* droite ou en spirale et les stries horizontales, le *feston* ou *draperie*, le *médaillon*, l'*écusson*, le *carquois* et l'*arc*, *la galerie*

Fig. 116. — *Pendule.*

de petits balustres en cuivre à jours servant de bordure aux tablettes, aux plateaux, à différents objets; puis, le *flambeau d'hyménée*, la *plaquette* de métal ou de faïence, les *baguettes* ou moulures de cuivre, les *cœurs*, les *outils de jardinage* et les *instruments de musique champêtre* (flûte de Pan, cornemuse, pipeau, etc.), les *paniers fleuris*, *colombes*, *tourterelles*, *amours*, *sphinx*, *têtes de beliers*, *de satyres*, *trépieds*, *rinceaux* légers, *moulures fines et de faible relief* avec lauriers, chapelets, entrelacs, torsades, fleurons, postes, oves, boudins et, le plus souvent, sans décor ; la *couronne*, le *panache*, la *palme*, l'*urne antique* souvent drapée, les *gouttes*, la *tête* et la *dépouille du lion*, la *pomme de pin*, les *colonnettes*, l'*anneau*, les *culots et les feuilles d'acanthe et de laurier*, les *pilastres cannelés*, les *rosaces triangulaires*, *ovales*, *rectangulaires*, etc.

Nous passerons ensuite, après l'énumération décorative ci-dessus, que nous devrons toujours avoir présente à l'esprit, à l'étude du siège.

Sous Louis XVI, l'édredon commence à paraître (de même que les couvertures de coton) et, cela coïncide avec le matelas qui, fréquemment, garnira le canapé et les formes ou banquettes, rembourrées.

(Les lits du roi et de la reine reçoivent quatre matelas de laine et leur sommier est en crin ; le sommier élastique ne s'étant guère répandu qu'au début du XIXe siècle.)

Voici des bergères, plus carrées que précédemment, assorties aux autres sièges, voici des bergères en gondoles, « confessionnal », des fauteuils en forme de carreau, à médaillon, des fauteuils de toilette, à poche, des fauteuils à joues et oreilles fixes, des fauteuils et des chaises dits « à la reine », couverts de satin broché ou de tapisserie, des fauteuils peints de couleur claire, à bois laqué, des fauteuils « confessionnal », en « cabriolet ».

Dans un mémoire de tapisseries du temps, on lit la fourniture de fauteuils « à la reine » suivante, à l'occasion des couches de Marie-Antoinette : «Façon de douze fauteuils à carreau, les bois peints en blanc, les dossiers garnis en plein, les bourrelets de plateforme piqués à l'anglaise, avec leurs carreaux en coutil et plume, couvert de damas vert orné de galon d'or à clouer, et clous dorés sur les moulures de bois, galons de nervure en soye verte sur les carreaux ».

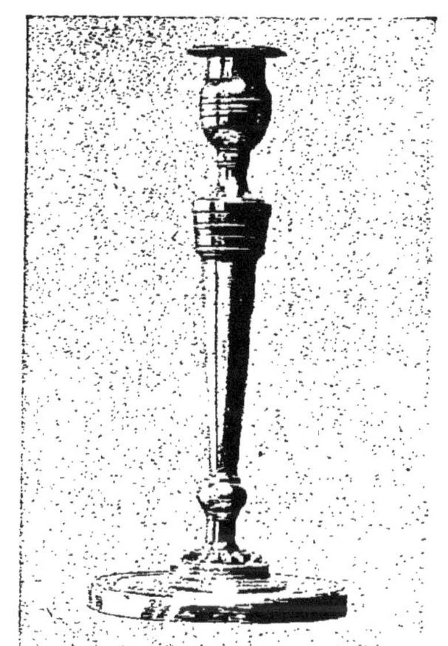

Fig. 117. — *Chandelier.*

Le fauteuil « à poche » était une sorte de fauteuil de « commodité » (siège favori de Voltaire, dans les derniers temps de sa vie) sans crémaillère ni pupitre, et le fauteuil « confessionnal » n'était autre qu'un fauteuil pourvu d'un haut dossier et flanqué de joues et d'oreilles, un meuble en somme chaud et confortable.

Toutefois, nous examinerons avec plus d'intérêt, le siège type Louis XVI, en dehors de ses anomalies, plus généralement.

Le fauteuil à médaillon, ou mieux à dossier en forme de médaillon est, à cet égard, typique. Son siège également arrondi, contraste avec les pieds inflexibles qui le soutiennent et les supports des bras et du dossier largement évasés. Au sommet du médaillon, pour le rehausser, une simple guirlande de fleurs attachée avec un ruban. On rencontre fréquemment le bois de ce fauteuil peint en gris, il est recouvert plutôt de tapisserie (sujet pastoral sur le dossier, sujet de chasse, verdure, sur le siège) fixée par des clous très rapprochés, aux larges têtes rondes.

Le fauteuil à dossier carré n'est pas moins caractéristique, avec ses lignes harmonieusement rigides, avec ses boiseries anguleuses et ses pieds arrondis, mi-cannelés (avec des perles dans une partie de ces cannelures), mi-feuillés, en carquois, terminés en toupie, en fleurons. S'il est souvent aussi couvert de tapisserie, on voit encore, sur ce fauteuil, des soies brochées, des velours, des satins au décor clair, le plus souvent à raies mêlées de fleurettes ou à larges bandes.

A signaler, avant de quitter le fauteuil, le fauteuil à « bouts de pied », sorte de petit siège qui, rapproché d'un fauteuil ou d'une bergère, les transforme en une sorte de chaise longue (ne pas confondre avec la

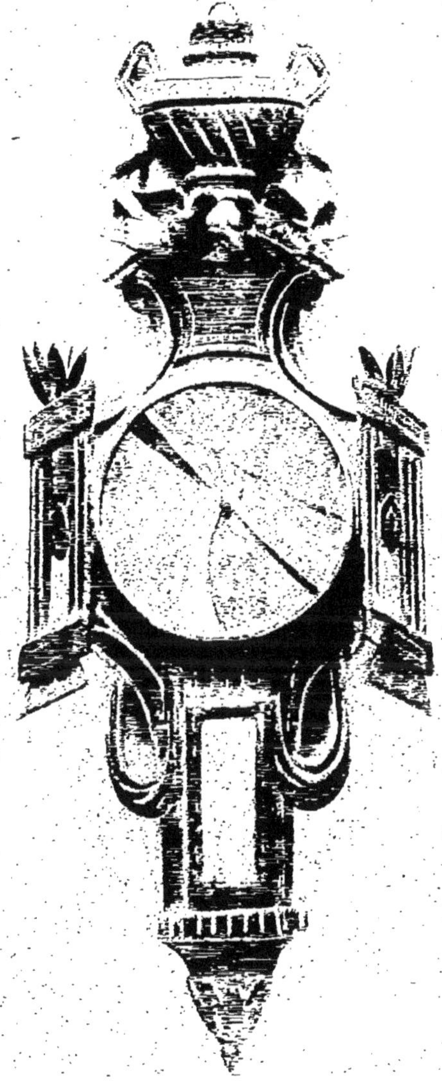

FIG 118. — *Baromètre.*

duchesse, chaise longue en trois parties, plus essentiellement Louis XV), et la « marquise » ou fauteuil à accotoirs élevés, au dossier large, au siège bas, plus commode que gracieux, particulièrement placé au coin du feu et destiné à la maîtresse de la maison.

Quant au canapé, il participe à la fois et des formes précédentes et de leur décor. Le voici en gondole, c'est-à-dire avec un dossier largement cintré, le voici avec un dossier droit. Les bras sont tantôt découpés à jours et tantôt tapissés, c'est-à-dire à joues, ce dernier dans le genre de celui que nous a laissé Marie-Antoinette et qui, couvert de brocart et de galons d'or, n'avait pas coûté moins de 10.600 francs.

Tendu d'étoffe ou de tapisserie (de Beauvais le plus souvent), le canapé Louis XVI manque de stature, et il est plus long que large; sans compter que le petit canapé obtient plus de succès, à l'époque, exemple le « tête-à-tête » où ne pouvaient prendre place que deux personnes, particulièrement prisé.

Voici encore des canapés à dossier ovale, des « ottomanes » (canapés plutôt affectés au boudoir) souvent garnis de matelas et parfois d'oreillers.

Les chaises, d'autre part, se mêlent harmonieusement aux précédents meubles. Les voici, généralement volantes, à médaillon, en lyre, à cartouche au monogramme de Marie-Antoinette. Voici des chaises de paille, modèle carré ou à la capucine (ces dernières dont le fût est en bois de noyer); voici des chaises à accoudoir, des chaises longues dites duchesses en bateau; sans oublier des tabourets à accotoirs, des cabriolets

FIG. 119. — *Chenet.*

(petits sièges de boudoirs galants), des pliants, des chaises à porteurs (qui disparaîtront après Louis XVI).

Il est à noter que tous ces pieds de meubles sont libres, c'est-à-dire sans entre-jambes pour les réunir ou les subordonner.

Et nous terminerons notre chapitre par une énumération d'objets inséparables, semble-t-il, du mobilier. Ainsi, au mur, entre une gravure de Moreau le Jeune sertie dans un ovale, voici une peinture de Greuze, au cadre carré. Un nœud de ruban rompt, ici, la symétrie de l'ovale que bordent des perles et une moulure en torsade; une guirlande, là, anime le morne carré. Les deux œuvres sourient, séparées par un baromètre ou un thermomètre décoratif, et, à proximité on aperçoit une harpe peinte ou dorée, une rouet, un clavecin que le piano bientôt détrônera. Plus loin, une torchère en bois sculpté, de couleur grise, une jardinière en marqueterie, une horloge à base de bois sculpté et doré, et tant d'autres bibelots se rattachant notamment à l'orfèvrerie, que nous examinerons au chapitre suivant, nous attirent encore. Au point de vue technique, enfin, en attendant que nous vantions l'étonnante perfection de sa ciselure, l'ébénisterie de ce temps n'est pas moins remarquable qu'aux époques précédentes, même on peut lui savoir gré d'avoir su briller en dehors du concours flatteur et souvent encombrant de la ciselure.

CHAPITRE VIII

La Ciselure, l'Orfèvrerie, le Bijou, etc.

Le nom du célèbre ciseleur Gouthière est inséparable de celui de Riesener. Gouthière a attaché sa gloire à celle du fameux ébéniste, dans une collaboration étroite qui est tout une originalité, et le sculpteur Clodion bénéficia aussi de l'accord de son génie.

Aussi bien Gouthière, âme de la ciselure sous Louis XVI, digne continuateur et émule des Caffieri, si brillants dans la première partie du XVIIIe siècle, sut entraîner les apôtres de son art dans un goût affiné dont son règne porte la marque, et il imprima son style, pour ainsi dire, à tous les ciseleurs de son temps.

Les Jean-Louis Prieur (sculpteur, ciseleur et doreur

du roi, à qui l'on doit les cuivres du carrosse du sacre de Louis XVI), les Forestier, les Feuchère, les Hervieux, les Thomire (dont l'auguste époux de Marie-Antoinette avait employé personnellement les talents et qui sera chargé de nombreux travaux sous le premier Empire), les Germain (plutôt orfèvre) et tant d'autres maîtres, marchèrent, en effet, dans le sillage glorieux de Gouthière, l'inventeur de la dorure au mat, comme il se qualifiait, nommé ciseleur et doreur du roi en 1771.

Né vers 1740, le célèbre Gouthière avait travaillé auparavant pour Mme du Barry, sous Louis XV, au palais de Luciennes, notamment, et le fruit de son travail qui n'avait pas été entièrement rétribué par suite de la confiscation des biens de la favorite, sous la Révolution, un reliquat de 756.000 francs! eût pu arracher le malheureux artiste à l'hospice où il mourut en 1806 dédaigné par le premier Empire.

Bref, l'art de Gouthière alla au plus loin de son expression, même on a pu reprocher, plutôt aux disciples du maître qu'à lui-même, cette habileté dont ils abusèrent peut-être, qui leur fit traiter le métal avec l'aisance de la cire, au mépris souvent des masses indispensables à la solidité.

Toutefois, si la soif de délicatesse, représentée par la ciselure en général sous Louis XVI, aboutit certaines fois à la mièvrerie, à la maigreur, parfois même

Fig. 122. — *Pendule.*

à la puérilité, tant les découpures abondent au détriment des surfaces de repos, il n'en est pas moins vrai que jamais il n'avait été donné d'apprécier autant de conscience ni de savoir technique.

Voyez au Louvre, la collection de tabatières, de bonbonnières ; toutes ces montres où l'or se mêle si capricieusement à l'émail azuré ; voyez tous ces joyaux donnés en présent : boîtes à poudre, à éponges, à brosses, à savonnette, et vous aurez une idée de la fantaisie troublante, un tantinet mesquine parfois, qui se reflète dans la ciselure plus importante et dans l'orfèvrerie.

Mais ce reproche de mesquinerie pourrait s'adresser encore à la mièvrerie des étoffes « passées », aux dessins réduits, de ce temps, par rapport aux larges et opulents tissus de l'époque Louis XIV ; de telle sorte que nous retrouvons avec satisfaction le principe d'harmonie délicate, parfois jusqu'à l'anémie, propre au style qui nous occupe, si près de l'esprit de la Renaissance. Au surplus, nous ne reviendrons pas sur l'excellence de la technique présidant à tous ces travaux de ciselure, pour retourner plus spécialement à cet art.

On cite de Gouthière, en dehors de tant d'œuvres auxquelles lui ou son école collabora, notamment un candélabre à trois branches, formé d'une corne d'abondance soutenue par une figure de femme en bronze vert, qui résumerait sa manière tant imitée depuis.

De Gouthière, en compagnie de Clodion, un candélabre de bronze et or mat, en forme de vase bachique d'où, parmi les fleurs, jaillissent des branches portant des bobèches, tandis que sur la base du socle reposent deux gracieuses figures de femmes.

De Gouthière encore, une paire de candélabres en diorite orbiculaire antique et bronze doré, des mon-

FIG. 123. — *Chenet*

tures de vases comme celles du duc d'Aumont, pour lequel il exécuta aussi d'admirables consoles dont les tablettes de porphyre portaient sur des cariatides ou sur des pieds de cuivre ajouré; sans oublier la grande lanterne de Trianon qui passe pour son chef-d'œuvre; deux candélabres à griffons, avec vase central de forme antique, à l'Élysée; deux candélabres à Fontainebleau, etc.

Aussi bien la pensée du maître anime toutes les

belles ciselures de l'époque. Qu'il travaille personnellement pour M. de Bondy, pour la duchesse de Mazarin, ou bien qu'il s'emploie à la cour, malgré que sa tâche soit abondante, on lui attribue volontiers quand même, tout ce qui a été ciselé de plus délicat sous Louis XVI.

Et néanmoins, les Bardin, les Thomire, les Prieur savent se faire une place à l'ombre de ce soleil.

Songez, d'ailleurs, au luxe impérieux de la ciselure! Avec quel esprit et quelle finesse sont présentés tous ces flambeaux à deux lumières, en forme de balustres, en forme de colonne, en bronze décoré d'émaux usés! Tous ces nombreux chandeliers fluets, élégants, toutes ces girandoles en bronze doré, enrichies de pendeloques!

Et comment ne pas revenir sur la délicatesse de ces branchages de bronze ciselé qui jaillissent de ces vases en claire porcelaine! Et comment oublier sur cette cheminée de marbre blanc enrichi de ciselures de cuivre, cette cassolette montée en bronze doré, cette cassolette en jaspe fleuri (comme celle que possédait Marie-Antoinette), ces vases surmontés de pommes de pin en bronze! De quel minutieux burin on fouilla le métal de ces chenets qui nous montrent, par exemple, comme motif principal, une urne antique couronnée de pampres, dont l'anse est faite d'une chèvre intrépide! Avec quel souci de la matière est traitée la base de ce même chenet porté sur quatre pommes de pin, aux bas-reliefs représentant deux thyrses croisés dans une couronne et des guirlandes en festons soulignant des instruments de musique champêtre.

FIG. 124. — *Chenet.*

Parlons maintenant des pendules, car il serait fastidieux de vanter encore ces chutes de feuillage, ces culots, ces entrées de serrures, toutes ces moulures ornementées enfin, qui nous éblouissent sur les meubles d'alentour.

Sous Louis XVI, les pendules ont perdu leur précédente prestance, le cartel est abandonné. Alors que sous Louis XV, le cadran apparaissait au milieu de riches ornements, supporté par de longues gaines, sous Louis XVI, ce cadran est adapté dans une sorte de vase, au milieu d'une architecture où le cuivre alterne avec le marbre généralement blanc.

Fig. 125.
Thermomètre-baromètre.

C'est l'horloge-vase dont les aiguilles demeurent fixes tandis que tourne le cadran, l'horloge-vase avec des pilastres et des cariatides chère à Lepaute, horloger du roi; c'est l'horloge à cadran mobile signée aussi Lépine, c'est encore l'horloge à carillon!

Marie-Antoinette possédait une petite pendule enrichie de diamants dont les heures étaient marquées par le dard d'un serpent sur un cadran rotatif inscrit sur une urne.

Souvent même, les pendules de ce temps affectent la forme d'un vase (où est inscrit le cadran), posé sur un socle cannelé, enguirlandé de draperies. Dutertre nous a laissé un modèle charmant de ce genre. Il représente deux Amours symbolisant l'un la Sculpture, l'autre l'Architecture, placés sur une base enguirlandée, d'où émerge un vase trapu, aux flancs carrés.

FIG. 126. — *Cadre.*

Dans ce vase aux anses capricieuses, surmonté d'une pomme de pin, s'encastre le cadran. La pendule est entièrement en bronze ciselé et doré.

D'autre part, les sujets galants sont très à la mode, on les retrouvera vaillants jusqu'à la Révolution; nous en décrirons un, choisi parmi les plus séants. Ce sont deux figures de femmes, d'une nudité à peine voilée, taquinant un Amour malicieusement obstiné à dormir sur un nuage d'où s'échappent des guirlandes de fleurs. L'Amour couronne un vase où figure le cadran et, les deux figures de femmes flanquent de chaque côté ce vase qu'elles dominent légèrement. L'ensemble est en marbre blanc et bronze doré.

Aussi bien le *sujet* poétique alterne encore avec l'allégorie sérieuse. Après avoir représenté un *Sacrifice d'Iphigénie*, on symbolise la *Force*, la *Justice* et les *Arts*, mais le bijoutier attitré de Marie-Antoinette, Granchez, en lançant l'*Innocence*, *Apollon et Daphné*, la *Pleureuse d'oiseaux*, répond mieux à la sensiblerie du jour. Il est vrai que Falconet met le comble, artistiquement, à cet engouement, en sculptant lui-même la pendule des *Trois Grâces*[1].

En dehors de quelques notables exceptions comme la précédente, on tombe dans le ridicule représenté par la préoccupation principale du *sujet*, et le cadran rotatif daigne à peine montrer l'heure.

1. Cette pendule actuellement au Louvre, fut léguée a l'État par le comte Isaac de Camondo. Les Trois Grâces qui la composent, inspirèrent ce mot à Diderot : « Elles montrent tout sauf les heures. » Diderot exagérait, car l'une des Trois Grâces indique l'heure du doigt.

En résumé, d'une manière générale, la pendulette domine, la voici à colonnettes, supportant un globe, la voici en porcelaine de Sèvres ou de Saxe, la voici sous les dehors d'une base de menue colonne à cannelures; elle tournerait volontiers au bijou.

FIG. 127. — *Chenet.*

Nous parlerons maintenant de l'orfèvrerie.

On demeure étonné que le grand Gouthière n'ait pas été tenté également par la ciselure de l'argent et, parmi les orfèvres sous Louis XVI, les noms des artistes les plus connus sont ceux de Germain (plus spécialement lié, pourtant, à l'époque précédente) de Duplessis et d'Auguste.

La simplicité affectée par le style Louis XVI change

de l'exubérance précédente et réduit à un strict décor, il faut le dire, l'essor de la fantaisie. L'esprit de l'antique continue à planer sur le luxe de l'argenterie qu'il semble réfréner et contraindre. En revanche, les philosophes ne manquent pas de flétrir la quantité d'argent — surtout de la vaisselle plate — répandue dans le public et, on a fait justement remarquer que si, bien avant la Révolution, la Monnaie avait fondu le plus grand nombre d'argenterie ancienne, elle n'avait également pas manqué d'envoyer au creuset l'argenterie moderne.

D'ailleurs cette richesse « nulle et oisive » contre laquelle les philosophes pestent, s'est plutôt attachée aux menus objets, en dehors de la vaisselle plate, plus intéressante par le poids que par l'esthétique. Flacons de poche, miroirs, tabatières, étuis, pommeaux de canne, théières, etc., recherchent de préférence la riche matière, tandis que l'on se tourne plutôt vers la porcelaine pour le service de la table.

La porcelaine est très en vogue depuis que la manufacture de Sèvres a prodigué ses meilleurs chefs-d'œuvre, c'est-à-dire depuis l'année 1756, jusqu'aux premières années de la Révolution française.

Aussi bien, pour en revenir à l'orfèvrerie, Auguste exprime la note de son temps lorsqu'il s'inspire du style pseudo-romain dans la couronne du sacre de Louis XVI, et voici que les cannes, tant en faveur au

XVIIIe siècle voient maintenant leur pomme d'or, d'argent ou d'ivoire régie par l'ornementation néo-grecque.

Les tabatières et les bonbonnières non plus, ne

FIG. 128. — *Pendule.*

doivent être oubliées dans leur beauté ciselée, mais plus riante, avec leurs camées (très en faveur dans le bijou depuis les découvertes de Pompéi), leurs émaux, leurs mosaïques et leurs rares miniatures.

Miniatures de Augustin, de Hall, de Van Blarenberghe, ce dernier principalement, dont les fines compositions sont des plus typiques.

Les éventails encore, couronnent cette délicate énumération. Ils sont petits, en ivoire à jours rehaussé d'or, en bois parfumé et, dans un sobre cadre dessiné par des paillettes ou de menus filets dorés, ils nous montrent des sujets légers, des chinoiseries ou des pastorales. Rubans, médaillons et autres frais motifs décoratifs qui nous sont familiers, parent ces joyaux palpitants entre les doigts des oisives.

Dans l'orfèvrerie qui, au sens propre, vient de nous échapper, au cours de ces notations solidaires, la noblesse antique revit, notamment sur les boîtes à thé qui portent, sur les facettes de leur forme hexagonale, des médaillons d'empereurs romains, par exemple, des sujets allégoriques empruntés à des camées, et ces médaillons comme ces sujets allégoriques, sont encadrés par les ornements rigides que nous savons. Une couronne de laurier ou de chêne, une pomme de pin, suffisent au couvercle, en un mot la simplicité à l'ordre du jour paralyse l'imagination des artistes, qui se rattrapent, il est vrai, sur l'impeccabilité de la technique.

Toutefois, les cristaux de couleur prêtent aux surtouts de table, aux salières, etc., l'agrément délicat de leur association avec l'argent. Les surtouts de table, principalement, débordent de fantaisie et d'élégance.

« Il y en a qui représentent, écrit René Ménard, une fontaine en forme d'obélisque ; deux vases servant de flambeaux, et six coupes en verre, simulant des

FIG. 129. — *Pendule rotative.*

cuves, sont enchâssées dans des montures enguirlandées en argent ciselé. » Du même auteur, cette description « de jolies salières en cristal bleu, pourvues de montures en argent dont les pieds ornés de feuilles d'acanthe sont surmontés de têtes de bacchantes, d'où s'échappent des ceps de vigne chargés de fruits et de feuilles ».

Mais si, d'autre part, les surtouts de table garnis en porcelaine de Saxe, chers à l'époque de Louis XV, ont fait place à la porcelaine de Sèvres, les surtouts à fond de glace, médiocrement plastiques mais moins fragiles que les précédents, alternent volontiers avec le cristal, l'argent ou le cuivre.

Pajou, Clodion, Falconet mettent aussi le « biscuit » en faveur; leurs délicates statuettes se mêlent à l'agrément de la table ornée de verrerie et de métal.

Et ces surtouts qui nous montrent encore des monuments en miniature, temples, amphithéâtres, sont aussi en pâte amidonnée, rehaussée de talc, lorsqu'ils n'imitent pas quelque givre, dont un nommé Carade était l'inventeur, qui, fondant à la chaleur, découvrait soudain, sous les frimas artificiels, des arbres verdissants, des fleurs écloses.

La chimie vient d'innover des bleus de roi, des bleus de turquoise, des violets pensée, des jaunes jonquille, des roses chair, qui égayent à l'envi des coupes, des vases de petite ou de grande dimension, des porte-bouquets et toutes autres pièces que les amateurs ne cessent d'admirer.

Et ces pièces décorées de fleurs délicates, de médaillons, sont rehaussées de dorures dues à Legay.

Et ces fleurs sont signées Bachelier et les médaillons, tantôt en porcelaine, tantôt en pâte tendre, de préférence en pâte dure, depuis 1770, sont l'œuvre de Dodin.

Le type du vase de Sèvres Louis XVI est généralement le vase antique, à volutes formant anses ou bien à chutes de laurier ou autres feuillages ; le col du vase comporte la cannelure habituelle et le couvercle est surmonté de quelques pommes de pin, tandis que le fin piédouche porte sur une base carrée. Sur les flancs du vase, se faisant opposition, figurent souvent des médaillons avec sujets de fleurs ou de genre.

FIG. 130. — *Vase en porphyre.*

Il y a des jardinières alternant dans l'évasement du col, le pan coupé et la forme arrondie ; sur cette dernière forme sont peints des sujets en médaillons et les pans coupés ne reçoivent que des ornements ; il y a des vases sans anses, etc.

D'une manière générale, on préfère les vases majestueux aux jolis services de table ; on orne les meubles et les carrosses de vastes plaques plus ou moins harmonieuses ; bref, la valeur intrinsèque, la pureté de la matière dominent impérativement sur l'ensemble esthétique.

Et les faïences de Sceaux, de Bordeaux, de Chantilly, de Montereau, etc., ne manquent pas encore de venir disputer de la beauté aux tendres fragilités du Sèvres et du Saxe.

Cette énumération du luxe nous amène à dire deux mots de la tapisserie.

Si les pastorales et les fleurs répandues à profusion par la manufacture de Beauvais poursuivaient la tradition précédente, la manufacture des Gobelins réagit au nom de l'esprit d'austérité et de sensibilité du temps. Elle voulut rivaliser avec la peinture et aborda le sujet d'histoire.

Ainsi alternèrent, avec des compositions de Vincent comme l'*Évanouissement de la belle Gabrielle*, *Sully aux pieds d'Henri IV*, etc., la *Continence de Bayard* par Brenet, le *Siège de Calais* par Barthélemy, la

Mort de Léonard de Vinci par Rameau, et autres œuvres médiocrement décoratives, à côté de celles précédentes des Lebrun, des Boucher, des Coypel. Toutefois la perfection technique de ces tapisseries excusait, si l'on peut dire, leur défaillance ornementale et, sur leur tonalité sombre, les lustres en cristal de roche, très en faveur, ne s'en détachaient que plus clairs et plus gais.

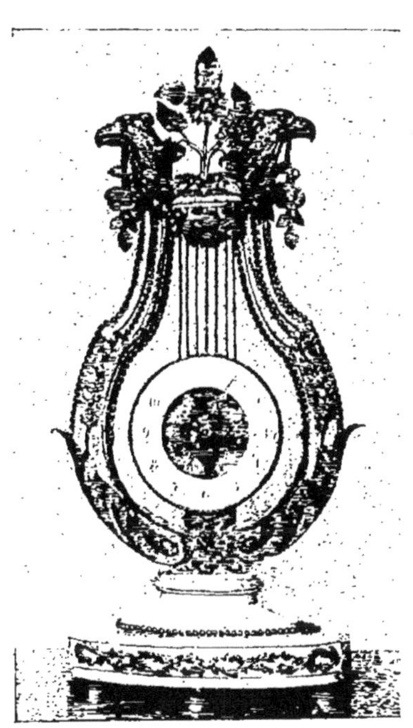

Fig. 131. — *Pendule.*

Si nous abordons enfin le bijou sous Louis XVI, nous lui découvrons naturellement le même esprit de simplicité et de sobriété dans les détails qui préside à tout ce style, en général, bien que les ornements, alors, aient quelque chose de lourd et de guindé. Aussi bien la joaillerie à cette époque n'a guère de caractère ; ce n'est pas en associant une palmette grecque à un diamant par exemple, que l'on pouvait réaliser une harmonie, et la délicate ornementation antique était fatalement écrasée par l'éclat d'une pierre précieuse.

D'autre part, le morne camée qui seul pouvait accepter l'encadrement antique, ne parvient pas, malgré l'insistance de la bijouterie de l'heure, à détrôner les joyaux brillants, malgré cette bijouterie dite « renouvelée » lancée par Lempereur et poursuivie par Pouget son élève. N'oublions pas, d'ailleurs, que la toilette féminine, claire et souple sous Louis XVI, réclamait des atours en rapport, et nous voyons plus volontiers sur les pimpants corsages, des peintures microscopiques, de fines gravures sur pierres fines, qui avaient sur le camée l'avantage du sourire.

L'époque de Marie-Antoinette fut le triomphe de l'émail et de la miniature, et il est bien évident que cet art purement français résume le bijou le plus typique de cette période où, tout en causant philosophie, on aimait à reposer ses yeux sur un sujet galant offert par quelque broche, par quelque pendeloque, par quelque boîtier de montre ou de tabatière.

D'autre part, l'émail bleu entre dans la composition de nombreuses parures et des bagues dites « marquises », formées d'un grand chaton allongé destiné à recouvrir toute la phalange du doigt.

Les bijoux participent de la philosophie sentimentale ambiante et les colombes amoureuses, les nœuds de rubans, les bouquets de fleurs, les blanches brebis, les carquois et les flèches, les parent à l'envi. Pour jouer à la simplicité, l'or apaise son brillant dans une natité jugée de meilleur ton et plus en rapport avec le costume.

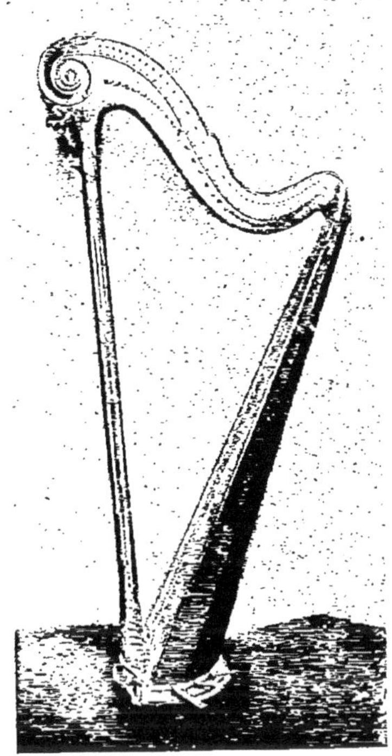

Fig. 132. — *Harpe.*

Mais nous parlerons du costume au chapitre suivant, et le lecteur démêlera parmi les modes féminines, un certain goût du grotesque qui n'est pas fait pour étonner dans un milieu contraint, hésitant entre un luxe débridé et une simplicité non moins folle, dans une société préoccupée de sérieux.

Aussi bien les modestes fleurs qui paraient le corsage de percale de la reine lorsqu'elle paraissait au hameau de Trianon, dissimulaient de magnifiques bijoux et nous verrons en somme, malgré ses atours les plus risibles, la beauté imperturbable toujours nous séduire.

CHAPITRE IX

Le Costume sous Louis XVI

Nous retrouvons dans le costume du règne de Louis XVI le souci de délicatesse qui nous avait précédemment charmés. Pourtant, nous verrons avec étonnement, dans cette époque de goût sobre, la caricature se mêler souvent au luxe de la toilette. Et ce luxe, dont Louis XVI et Marie-Antoinette donnent l'exemple, contredit non seulement à la simplicité prônée par les mœurs du jour, mais encore aux sentiments bourgeois d'un roi marié à une princesse « formée aux traditions de l'austère cour d'Autriche ». Aussi bien Mme de Campan, dans ses *Mémoires*, se fait l'écho du danger : « La dépense des jeunes femmes fut extrêmement augmentée ; les mères et les maris en murmurèrent, et le bruit général fut que la reine ruinerait toutes les dames françaises. » Mais les timides protestations du faible et bon Louis XVI contre les entraînements de sa frivole épouse, pouvaient-elles dominer les clameurs de son peuple opprimé ?

Et voici pourquoi ces délicieuses poupées inconséquentes, d'une coquetterie raffinée jusqu'à l'inconsistance, « dansant sur un volcan », nous apparaissent plus exquises, dans cette fin de printemps du XVIIIe siècle, qu'un violent hiver, sans transition d'automne, couchera soudainement dans la boue et le sang.

Écoutez, d'ailleurs, avec quel symbolisme délicat on désigne les rubans, sous Louis XVI. Ils s'intitulent *attentions marquées*, *désespoir*, *œil abattu*, *un instant*, *une conviction !* Les nuances des couleurs ne suffisent plus, on les associe à des images sentimentales et, nous découpons cette description de toilette dans un livre du temps : « Mlle Duthé était dernièrement à l'opéra avec une robe de *soupirs étouffés*, ornée de *regrets superflus*, un point au milieu de *candeur parfaite* garnie en *plaintes indiscrètes*, de rubans en *attentions marquées*, de souliers *cheveux de la reine*, brodés en diamants en *coups perfides*, et les *venez-y-voir* en émeraudes ; frisée en *sentiments soutenus* avec un bonnet de *conquête assurée*, garni de plumes *volages* et de rubans *d'œil abattu*, un chat sur le col *couleur de gueux nouvellement arrivé*, et, sur les épaules, une médicis montée en bienséance, et son manchon *d'agitation momentanée.* »

En revanche, parallèlement aux tons d'âme, et pour le contraste nécessaire, semble-t-il, au poème « décadent » de l'heure, les couleurs « naturalistes » jouissent aussi d'une grande vogue. Les teintes douteuses du brun, du jaune et du vert seraient encore fort subtiles néanmoins, si on ne les avait vulgairement baptisées de *moutarde*, *boue de Paris*, *caca-dauphin*, *merdoie*, etc. Cette dernière couleur cependant, fit scandale lors de

Fig. 135. — *Pendule.*

son apparition. Un extravagant ainsi habillé des pieds à la tête, alla se montrer dans l'allée la plus fréquentée des Tuileries, le 10 juin 1781 et il fut entouré et hué. Les suisses de garde, voyant l'émotion qu'il causait, le prièrent de sortir. Ce fut la répétition de ce qui était advenu au même lieu soixante-dix ans auparavant, lors de l'apparition de la première robe à *paniers;* la conséquence fut la même. Quand on sut la persécution qui avait accueilli la couleur *merdoie*, on voulut voir ce que c'était, et bientôt tout le monde en raffola.

Malgré l'élan de ce luxe contradictoire, l'esprit du « retour à la nature » ne fut pas néanmoins sans influence sur la mode. On attribue, en effet, aux costumes que la reine Marie-Antoinette portait à Trianon, la disgrâce où tombèrent les garnitures et les *paniers* (il y eut des *paniers* qui mesurèrent jusqu'à cinq mètres de circonférence !) longtemps en faveur. Une majesté qui se mettait en fille de campagne tournait forcément au rustique le goût de ses sujettes. Les plus grandes dames affectèrent de paraître dans les réunions, sans falbalas ni volants. Au lieu de paniers, on ne porta plus sous les robes que des coudes, pour accuser les hanches, et le postiche qui rejetait en arrière toute la proéminence des jupes. C'était là travestir les formes du corps, la vérité physique, d'une façon singulière, mais tous les costumes n'ont-ils pas leur ridicule à travers les époques ? Et qui dira tout le charme de ce ridicule ?

Toutefois, les modes étrangères impressionnent

Fig. 136. — *Biscuit de Sèvres.*

plus généralement nos mondaines d'alors. C'est le costume « à l'anglaise » qui, adopté vers 1789, sera porté par la bourgeoisie jusqu'à la Révolution. Il comporte une longue redingote s'ouvrant sur un corsage uni et taillé en pointe, un fichu de linon et une robe unie, longue, largement bouffante par derrière. C'est la « polonaise », jupe courte ouverte avec un corsage aux basques tuyautées sur la bordure et formant trois pans; c'est le « caraco », robe courte tendue sur les hanches par une sorte de vertugadin.

Il y a des « caracos » à la pierrot, des déshabillés « à la Suzanne », etc. Et l'hiver, on porte des sortes de mantes garnies de fourrure assortie aux manchons qui sont très amples.

Quant au costume de cour, il consiste en un corselet en pointe, décolleté au col et à mi-bras, et en une jupe à paniers largement évasée, sur le devant de laquelle une sous-jupe ou une manière de large tablier blanc orné de guirlandes, de nœuds etc., tranchait. Un nœud de lingerie comme ceux du tablier à la naissance de la gorge et des chutes de dentelles à la saignée des bras, égayaient d'autre part la majesté singulière de cette toilette, d'où le chef couronné d'une perruque vaste, elle-même surmontée d'une toque de plumes non moins imposante, « à la Victoire », dominait.

Vainement on cherchera, dans cet apparat extravagant, dans cet abus des falbalas (des nœuds et des guirlandes, surtout, ceux-là même qui caractérisent le décor de l'époque) l'excuse sincère d'encourager les industries de luxe; malgré pourtant que l'industrie rubannière, pour ne citer que celle-là, d'une frivolité très typique, ait beaucoup prospéré. (En 1786, il y avait à Saint-Étienne et à Saint-Chamond quinze mille deux cent cinquante fabricants qui produisaient pour 17 millions de rubans dont 8 millions pour l'exportation). Les riches étoffes de soie, de satin, de velours, alternent bien avec les tissus économiques :

Fig. 137. — *Boîte à musique.*

toiles de Jouy et indiennes imprimées, mais combien leur signification relève davantage du désir de coquetterie renouvelée, que de tout autre souci !

Néanmoins, ces costumes tâchent de faire absoudre l'excentricité de leur silhouette par la tendresse de leur couleur et, cette concession à l'ostentation est toute une pudeur.

Mais, puisque nous avons prononcé le mot excentricité, voyez combien il va se justifier à propos de la perruque ! « On ne se bornait pas à faire des pyramides de cheveux pour les femmes; on jetait encore par-dessus tous ces crochets, ces poufs, ces chignons et ces tapis, des rubans en quantité, des fleurs, des fichus, des chapeaux, des bonnets, qui étaient construits en même temps que la chevelure, et qui avaient l'air d'un véritable étalage de marchandises de toute espèce. La Révolution, qui déracina les tours de la Bastille, fit crouler aussi celles qu'on avait amoncelées sur la tête des femmes. » En attendant, tantôt le pouf (pièce de gaze qui atteignit jusqu'à 15 mètres) augmente — agrémenté de cimiers de plumes d'autruche — le volume de la coiffure en se mêlant aux cheveux; tantôt des corbeilles de fleurs ou de fruits remplissent le même office, lorsque ce ne sont pas des vaisseaux en miniature avec mâts, voiles et agrès ! Et cet échafaudage s'intitule « à la Minerve », « en parc anglais », « à la Belle-Poule », « à la frégate de Junon » ! En revanche, lorsqu'à la suite d'une grossesse, Marie-Antoinette perdant une partie de ses cheveux, adoptera une coiffure basse, tout le monde s'y conformera. Cette coiffure consistait en frisures accompagnées d'un chignon, qui retombait sur le dos, on l'appela *coiffure à l'enfant* et elle devint le type de toutes les inventions ultérieures qui se succédèrent sous divers noms jusqu'au Directoire.

Pour clore enfin le chapitre de l'excentricité, il nous faut citer la mode des hauts talons, des échasses presque, dont les femmes s'enorgueillirent, tandis

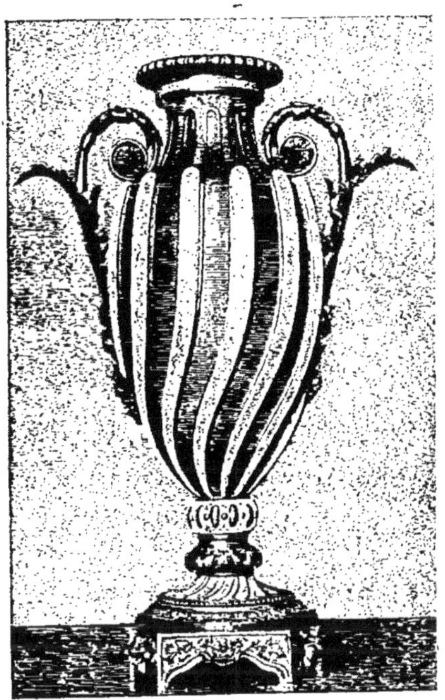

FIG. 138. — *Urne-vase.*

que les hommes tombant dans l'excès contraire, portaient des chaussures sans talons.

Au résumé, avant d'aborder le costume masculin, on ne peut se défendre, au souvenir de ces parures féminines plutôt fâcheuses, d'un certain mouvement en leur faveur. Elles sont sinon pratiques, du moins pittoresques, et l'on aime à évoquer ces délicieuses créatures dans leur accoutrement si l'on veut, parmi leur décor rédempteur. Froufroutantes en leurs tissus vaporeux, comme instinctivement frissonnantes aux approches de la Révolution où coulera leur sang « bleu », leur grâce de femmes se béatifie dans notre pensée qui les associe à un nuage de pastel et de poudre de riz.

Aussi bien il ne nous déplaît pas qu'à ce dernier palpitement de la noblesse, de l'aristocratie, un peu de démence se mêle.

Mais passons au costume masculin.

Ici, point d'excentricité. Les hommes portent l'habit « à la française » ou le frac. Le second de ces vêtements, plus usité vers la fin du XVIIIe siècle, diffère du premier par l'échancrure plus accusée sur le devant. Echancrure qui, rendant les boutons et les boutonnières inutiles, permit à leur place des ganses et autres garnitures de broderie. Si le frac était moins ample que l'habit à la française, il était aussi pourvu d'un collet rabattu et ses manches s'ornaient d'un parement descendant jusqu'au poignet.

C'était là l'habit de ville que l'on rencontra le plus souvent moucheté ou rayé de bandes parallèles, tandis que l'habit de cour se distinguait du précédent, par une broderie mélangée de paillettes.

Quant au gilet, il naquit du raccourcissement des basques de la veste et, du gilet, tranchant toujours sur la couleur du frac ou de l'habit, s'échappaient des breloques dont le cliquetis durant la marche, séduisit aussi la mode féminine. Le gilet que l'on boutonnait jusqu'au milieu de la poitrine, s'évasait pour laisser

FIG. 139. — *Biscuit de Sèvres.*

passer le jabot de la chemise et, une cravate de mousseline attachée par derrière, enserrait le cou.

En dehors de ces vêtements, il y avait la redingote, pourvue d'un petit collet rabattu, la lévite « à l'anglaise », sorte de frac étroit et allongé en forme de redingote, réservée au costume de cheval.

« Des acteurs qui parurent dans l'opéra d'*Amadis* avec des vestes munies de manches plates et sans parements, mirent un moment à la mode ce vêtement, qui reçut le nom d'Amadis, mais qui ne dura pas longtemps et qui ne fut jamais porté que par un petit nombre de gens de la ville. » (*René Ménard.*)

La culotte, sous Louis XVI, descend au-dessous du genou où elle s'attache avec des jarretières. Culotte « à pont » munie de quatre poches, deux grandes et deux petites.

Les bas sont blancs, bien tirés sur les mollets, selon la coquetterie du jour et, les souliers d'abord à boucles d'or et d'argent, furent vers la fin du XVIIIe siècle, démocratiquement ornés de cordons ou de rosettes. Pour arriver à ce sacrifice, il ne fallut rien moins que l'émulation des citoyens à se dessaisir de leurs bijoux en vue de la souscription qui avait été ouverte pour liquider la dette publique. « Ce changement fut une des choses qui révoltèrent le plus les personnes entichées des anciens usages. Le pauvre Louis XVI ne put jamais en prendre son parti. En 1792, lorsqu'il vit Roland, qu'il venait de nommer ministre, se présenter à lui avec des souliers à cordons, il tint cela pour une insulte à sa personne. Qu'on imagine la stupeur du maître des cérémonies introduisant pour la première fois un ministre ainsi chaussé ! Tout ce qu'il put faire fut de montrer du geste à Dumouriez, qui était là, ces souliers abominables et en même temps il étouffait un soupir. Dumouriez, pour se moquer de lui, prit un air de consternation et lui dit : « Hélas ! oui, Monsieur, tout est perdu ! »

Mais poursuivons notre résumé du costume.

Voici le chapeau « jockey ou jacquet », à bord étroit rabaissé en visière sur le front ; voilà le tricorne ; voilà le chapeau « à la Suisse », sorte de chapeau de

Fig. 140. — *Bonbonnière.*

gendarme, et le chapeau à grands bords relevés sur les côtés, légèrement en tromblon, à boucle, qui accompagne le costume de cheval.

Il est à noter qu'en hiver les vêtements de dessus sous Louis XVI, étaient toujours en drap — en drap de Hollande principalement, et qu'en été ils étaient de soie ou de nankin.

Nous en arrivons à la perruque. Celle-ci, si monumentale sous Louis XIV, revient a des dimensions normales dès Louis XV. Poudrée de blanc, un ruban noir noue sa queue par derrière et, sur le devant, cette perruque s'orne le plus souvent d'un toupet élevé. Aussi bien, ce toupet était fort incommode pour porter le chapeau et, peu à peu, il s'abaissa, et, la perruque ainsi améliorée, fut dite de chasse ou négligée.

N'oublions pas enfin, aux côtés du gentilhomme, l'épée et, en son absence, la haute canne sur laquelle s'appuyait plutôt la marche altière de la jeune noblesse que les pas chancelants du vieillard.

Dans la troupe enfin, les gardes-françaises, la garde suisse, montrent les costumes les plus caractéristiques.

On remarquera la réserve du costume masculin à côté de l'excentricité des atours féminins. Depuis le XVIIe siècle d'ailleurs, les hommes ont des vêtements plus mâles, s'ils n'ont pas renoncé, cependant, aux tendres tissus qu'ils partagent avec leurs compagnes et, pourrait-on dire, avec leurs tentures d'ameublement.

Après Louis XVI, chez les hommes, les étoffes deviendront moins délicates, les bottes apparaîtront, en même temps que la culotte tendra à céder le pas au pantalon, mais, les femmes, en revanche, sous le premier Empire, à l'exemple de Vénus, inclineront à des dévêtissements osés qui s'accorderont favorablement en somme, avec le contraste de l'heure. Il fallait à

Mars un délassement et, maintenant, les yeux du guerrier se posent sur de la beauté, sur de la vie, après avoir vu le carnage et la mort.

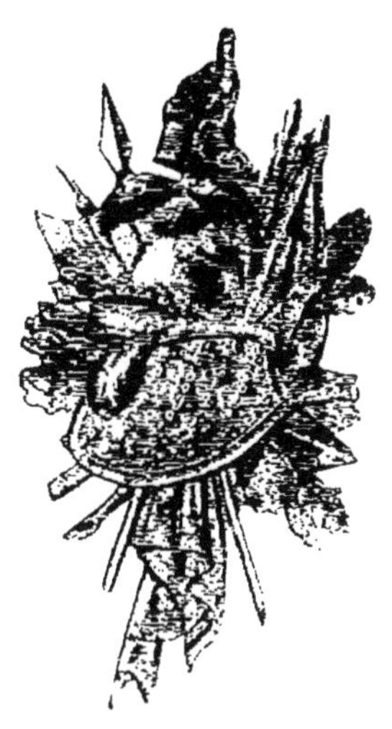

CHAPITRE X

Quelques mots des styles après la Révolution et sous le premier Empire

La Révolution amena nécessairement la faillite des arts somptueux. L'avènement de la démocratie contredit au luxe, par réaction, par haine, et ce fut le vandalisme. En laissant de côté la grande idée représentée par ce chambardement, tout n'est que ruines, et le sang coule sur les fleurs du passé.

L'art se voit reprocher sa richesse, le peuple secouant le joug avec férocité, anéantit la noblesse sous toutes ses formes ; la horde enfin, saccage la beauté.

L'orfèvrerie va au creuset, un grand nombre de

tapisseries blasonnées ou représentant des sujets soi-disant subversifs, sont brûlées dans un accès de républicanisme aveugle; aux fleurs de lis arrachées des meubles, on substitue le bonnet phrygien, les faisceaux consulaires, les niveaux égalitaires, les mains fraternelles.

Bref, les premières conséquences du mouvement d'affranchissement furent d'interrompre brusquement l'essor esthétique. On ne crée pas, on se venge. Il faut réformer de fond en comble et, de même que Louis XIV avait dédaigneusement condamné les chefs-d'œuvre enfantés avant son règne, on traite de *monuments d'esclavage* les constructions d'architecture antérieures à la Révolution !

Aussi bien notre ancien art national est bafoué, méconnu; la France envahie par l'étranger ferme ses portes à l'étude des ouvriers et des artistes qui, pour échapper à la misère, courent en armes à la frontière ou fuient vers des cieux plus cléments.

A idées nouvelles, art nouveau; mais il faut attendre que le tourbillon révolutionnaire soit au bout de sa course et, en attendant, si la Convention tente de sauvegarder quelques vestiges du passé, par suite d'ordres mal compris et mal exécutés, une foule de pièces rares provenant des palais ou des églises sont anéanties et les mobiliers des châteaux dispersés à l'encan.

On organise cependant, des fêtes sur ces ruines.

Celle de la Fédération, au Champ-de-Mars, d'une grandeur typique, occupe au moins les quelques architectes qui sont demeurés attachés à des services publics et, nous voyons des sculpteurs sollicités

Fig. 143. — *Vase de Sèvres*,

de faire des encriers avec des pierres de la Bastille et des bijoutiers présenter des bijoux où des fragments de ces mêmes pierres figurent !

Ainsi le symbolisme tient-il lieu d'art à une foule en délire, et l'idéal s'est-il enclos dans la politique Mais, lorsque le calme sera revenu avec les passions assouvies, que démêlera-t-on parmi ces cendres? que lira-t-on dans cette aube nouvelle?

Tout d'abord, il faut reconnaître qu'après Louis XIV la forme du meuble, de plus en plus, fut ordonnée sinon régie par l'ornementation de cuivre au lieu de commander à cette ornementation. En fait, s'il ne nous déplaît point, fort au contraire, de voir les ciseleurs Caffieri et Gouthière s'harmoniser, l'un avec l'ébéniste Oëben, l'autre avec Riesener, l'empiètement de la ciselure sur l'ébénisterie est un non-sens qui apparaîtra nettement vers la fin de Louis XVI et s'accusera avec le premier Empire pour peser lourdement sous la Restauration et après.

L'histoire du mobilier, comme nous le savons, n'était le style de Napoléon Ier caractéristique malgré tout, prend fin avec le style Louis XVI. La suppression des corporations, qui permettait à quiconque de s'installer fabricant ou marchand, ouvrit un libre champ à la malhonnêteté et à la fraude; le long et fructueux apprentissage cédant le pas à la périlleuse improvisation, c'était l'envol de la tradition. Mais il s'agissait bien de tradition dans une Révolution!

Et voici pourquoi les meubles de cette époque, lorsqu'ils ne sont point tout simplement de style Louis XVI démarqué, c'est-à-dire parés d'emblèmes révolutionnaires, sont d'une intempestive fantaisie.

Du Louis XVI altéré on aboutit à un antique « francisé » en passant par une élucubration prétentieuse et quelconque. Le Louis XVI avait été, répétons-le, une adaptation distinguée, un compromis élégant et original de la donnée antique, la Révolution devait rompre avec tout le passé et fatalement divaguer ; le style Empire, enfin, eut l'aubaine des architectes-des-

FIG. 144. — *Montres.*

sinateurs Percier et Fontaine, commandés par le célèbre peintre Louis David.

Or, en matière de style, tout n'est que répétition ou adaptation, d'après une fixation hallucinante, d'après un exemple supérieur. Ainsi la Renaissance était-elle retournée à l'antique, mais en lui apportant de la grâce et de la légèreté ; ainsi, entre le style rocaille et le style Louis XV, le style « Pompadour » avait-il battu le rappel de l'art discipliné ; mais, les meubles à *la grecque* de la marquise de Pompadour, pouvaient-ils n'être pas originalement aimables? Ainsi le Louis XVI était-il revenu décisivement à l'antique, après les délicieux écarts de la Régence (malgré l'essai du style Pompadour) et du Louis XV, mais en corrigeant sa solennité par une délicatesse, par une sveltesse purement françaises.

Peut-on refuser enfin, au style Empire, malgré sa copie lourde et flagrante de l'antique, sa qualité caractéristique, sa naturalisation ?

Bref, la tradition, qui est le fil des idées saines, le respect héréditaire du chef-d'œuvre séculaire, doit rencontrer sur sa route des artistes de valeur, faute de quoi elle s'affaiblit ou s'évanouit.

Point d'artistes sous la Révolution, du moins les artistes n'étaient-ils pas consultés et nous savons que les premiers républicains, naturellement, en avaient assez de la tradition, de toutes les traditions. Donc, en attendant l'ère nouvelle inaugurée par la prise de la Bastille, la Révolution anéantit et raille ; son art n'est que satire ou plagiat; elle triomphe dans la caricature, elle chante des romances, à deux pas de la machine de Guillotin.

« Nous avons changé tout cela » disait [à propos du nouveau style (?)] au mois de juillet 1790, un marchand tapissier. « La liberté consolidée en France a ramené le goût antique et pur qu'il ne faut pas confondre avec le goût ancien et gothique », ajoute un journaliste sortant du magasin de ce même marchand. Alors, s'écrient les frères Goncourt : « Cachez-vous, marqueteries de Boulle! nœuds de ruban et rosettes de bronze doré, d'or moulu, surdorés et perluisants! » Cachez-vous! cachez-vous, merveilles de Bernard! C'est l'heure « des objets analogues aux circonstances présentes ». Le boudoir, lui-même, ce sanctuaire des

FIG. 145. — *Tabatière.*

coquetteries, le boudoir lui-même est devenu un cabinet politique! « Une représentation de citadelle détruite a remplacé le groupe de Léda. Un autel sermentaire a succédé à la gentille chiffonnière où l'on signait des billets à la Châtre. »

Tout n'est que ruines sur lesquelles, à cette époque, on s'efforcera de faire naître une fleur qui ne devra ressembler à aucune fleur précédente, et c'était là une tâche impossible que de vouloir forcer la nature, dont la beauté ne peut être renouvelée en dehors de l'art, du calme et de la tradition.

Pareillement, la République et le Consulat ne devaient rien produire de remarquable au point de vue esthétique; pour les raisons précédentes.

Dans la première époque, cependant, on observe une extrême distinction et une grande richesse; mais, dans la seconde, l'impuissance et la grossièreté amenèrent à une fausse austérité qui s'altéra rapidement.

Au Directoire, d'autre part, époque intermédiaire, était réservée la particularité sinon d'un style, d'une manifestation reconnaissable, dans le meuble du moins, et il est piquant de constater que les productions de la République et du Directoire l'emportent sur celles du Consulat, à cause, malgré tout, de certain respect de la tradition.

Aussi bien, pour en revenir à la période révolutionnaire, de 1789 à 1796 on s'occupe fort peu d'architecture et, par conséquent, de son expression quasi-réduite : le meuble. Nous avons vu d'ailleurs, les architectes renommés s'employer à l'étranger et, cependant, malgré l'indifférence unanime pour la production artistique, le 8 novembre 1793, un *Museum central des arts* s'ouvrit, tandis que A. Lenoir s'occupait de former le *Musée des monuments français*.

Plus tard, quand le nouvel ordre des choses fut consolidé et que les arts commencèrent timidement à renaître, profitant de ce que les artistes de l'ancienne France vivaient encore, on aurait pu sauver de la misère un Gouthière, ou donner des commandes à un Riesener : on préféra adopter les idées nouvelles et l'on cria : Vive l'antique !

Fig. 146. — *Biscuit de Sèvres.*

En tant qu'idée nouvelle, on l'avouera, ce mot de ralliement : « Vive l'antique ! » était singulier, sinon risible; mais, dans l'enthousiasme démocratique du moment, l'idéal n'était-ce pas cette république romaine que l'on avait appris à admirer dans l'enseignement donné par les Jésuites dans leurs collèges? Et l'antique précédent, adopté sous les régimes monarchiques, pouvait-il être comparable à celui que prétendait accommoder la première République française? Toujours est-il que — par une amère dérision — ce furent les David, les Percier et les Fontaine qui, sous le premier Empire, sous Napoléon Ier, réalisèrent les idées esthétiques républicaines, tout comme, d'ailleurs, ce furent les brillants artistes de la fin du règne de Louis XVI qui donnèrent le plus de gloire au style du « petit Caporal » !

Bref, si depuis Louis XIV, les traditions des Mansard, des Perrault, cherchaient à se maintenir dans l'architecture, malgré quelques innovations principalement apportées à l'ornement et au décor, la Révolution et l'Empire renchérirent encore sur la ferveur antique. Et les arts vibrèrent à l'unisson, rétroactivement, pour cacher leur détresse inventive, non plus pour créer sur la base classique comme précédemment.

Hélas! c'est la lutte des partis politiques successifs et adverses qui mène l'esthétique et l'idéal, lorsqu'il n'y a pas de génies impulsifs. Républicain après avoir été monarchiste, l'art s'inspire des hauts faits de la Révolution avant de s'enthousiasmer pour l'épopée impériale, c'est dans l'ordre des passions. De même, la première Restauration se devra à son nom d'effacer les traces monarchistes et impériales. Aussi bien on est las de copier et d'adapter — au moins sous la Révolution, tout était à refaire — les styles eux-mêmes se dérobent à la longue, on les a tellement mêlés, heurtés, accouplés, défigurés! Sous Napoléon, encore, à défaut de génies originaux, la victoire avait rénové le style, tandis qu'après, l'avènement de l'esprit bourgeois, jusqu'à nos tendances modernes, fort intéressantes, devait lui porter le coup de grâce.

On constate, au résumé, les méfaits de l'esprit

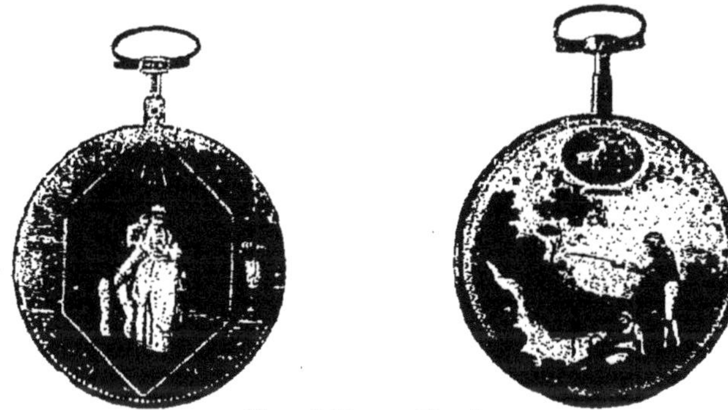

FIG. 147. — *Montres.*

antique, de la formule classique sur l'ingéniosité artistique lorsqu'ils ne sont pas stimulés, et l'on pourrait regretter, enfin, cette obsession du passé, qui semble tuer *ab ovo* cette flamme créatrice dont les siècles précédents nous ont donné l'exemple, malgré qu'ils aient cru devoir encore, toujours, se réclamer des anciens.

Mais passons, et, dans l'énumération suivante, le lecteur appréciera en revanche, les écarts d'une époque qui ne voulut ni Dieu ni maître.

Nous devons à la Révolution les meubles entre autres ci-après désignés, dont la dénomination seule, est savoureuse.

Lits à la *Fédération*, à la *Révolution*, à la *polonaise*, en *chaires à prêcher*, *patriotiques*, etc. ; chaises *étrusques ;* pendules *civiques*...

Et voici, par exemple, la description d'un lit à la *Fédération*. Le lit à la *Fédération* est composé de quatre colonnes en forme de faisceaux, cannelées et peintes en gris blanc verni. Les liens des faisceaux sont dorés ainsi que les branches de fer et les haches qui soutiennent l'*impériale*. Les pieds du lit sont *antiques* (on se pique même, de faire porter tous les meubles sur de *vrais* pieds antiques !), de cuivre massif bien poli. L'*impériale* est en forme de bouclier, couleur de bronze, ornée de franges d'or et surmontée d'un panache blanc. Les parties extérieures, en taffetas ou damas blanc, avec des franges d'or. Les pantes intérieures, d'une étoffe de soie en arabesque, dont le fond est violet et les dessins rouges. Les rideaux de taffetas ou damas bleu de ciel, bordés d'une étoffe de soie en arabesque, dont le fond est *brun étrusque* et les rideaux rouges. Rideaux intérieurs de taffetas rouge, servant de doublure à la *housse*. Les cordons qui attachent les rideaux aux faisceaux sont violets avec des glands d'or. La *courte-pointe* en taffetas ou damas bleu de ciel, retroussée par des nœuds de cordon violet terminé par des *glands d'or*. Sous la *courtepointe*, une draperie d'étoffe de soie fond blanc, avec des ornements *brun étrusque* et une seconde draperie rouge avec des ornements blancs.

Nous compléterons cet aperçu édifiant, par le dessin d'une *chaise étrusque*, pendant tout indiqué aux

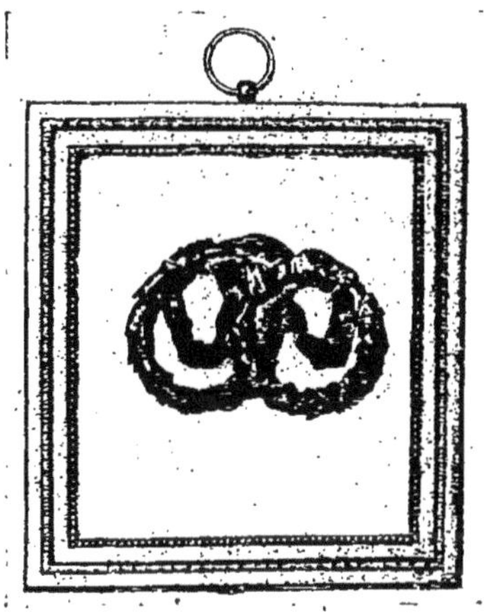

FIG. 148. — *Cadre et motif Louis XVI.*

précédentes élucubrations. La chaise étrusque est en bois d'acajou, son dossier est composé de deux trompettes et d'un thyrse liés ensemble ; son coussin en étoffe de soie brune avec une *rosace* au milieu et des ornements jaunes. Le siège repose sur des pieds *antiques* de cuivre massif très poli qui tranchent sur le bois terne du meuble.

Le costume sous la Révolution, n'est pas moins effarant dans son symbolisme. Il y a des redingotes *na-*

tionales, des robes *économiques* et *patriotiques*, des vêtements à la *Constitution*, etc. Toutefois, si tant est que la beauté, sous quelque atour qu'elle se présente, soit toujours agréable (et puis parce qu'après tout, la mode dans la toilette des révolutionnaires malgré qu'elle se rehausse d'une cocarde tricolore, conserve pour les deux sexes, son parfum Louis XVI), en dehors de quelques étiquettes politiques qui n'agissent guère sur la forme, la toilette demeure seyante. Nous donnons, d'ailleurs, un aperçu du costume, en notre fin de chapitre, et nous reviendrons maintenant, dans notre résumé, au style *Messidor* ou du *Directoire* dont le charme n'est pas indifférent après le « style » Révolution.

Le style Directoire précède le style Empire, avec une délicatesse où nous sourit le souvenir du Louis XVI. Les meubles Directoire datent de l'expédition d'Égypte ; ils naquirent de cet enthousiasme pour l'art égyptien et asiatique que Bonaparte avait rapporté des bords du Nil.

Sans participer de l'architecture improvisée de l'époque, où les pyramides et les obélisques s'imposent furieusement, les sphinx, les figures égyptiennes, néanmoins, décorent volontiers l'orfèvrerie et la sculpture sur bois de cette manifestation typique, qui, répétons-le, ressemblerait plutôt à un style Louis XVI accommodé, dérangé, alourdi, mais toujours captivant.

Puis, après une étape intermédiaire : le Consulat, où s'exagéra le fanatisme gréco-romain, nous en arrivons au style Empire proprement dit. Voici l'aigle

FIG. 149. — *Costume Louis XVI, d'homme.*

installé dans le nid des héros antiques, Napoléon s'assoit sur le trône de César ! Le style Empire a pris l'imitation de l'art ancien au sérieux, et il rencontre de véritables artistes pour le présenter harmonieusement et esthétiquement.

Le style de Napoléon Ier, originalement adapté par le peintre Louis David, empereur des arts du moment, et par ses inséparables lieutenants Percier et Fontaine, dessinateurs et architectes fanatiques de l'ancienne Rome, nous montre des meubles le plus souvent en acajou massif, solennels et lourds, revêtus de parfaites ciselures de bronze doré.

Le style de Napoléon Ier a de l'éclat et son décor est austère et riche. Le retour à la fresque, au décor olympien, marque la tendance de l'esprit ornemental, devenu héroïque à travers le mensonge idéal de la mythologie.

Le célèbre ébéniste Jacob Desmalter a attaché son nom au meuble, et on lui doit des adaptations harmonieuses sinon légères, et d'une technique toujours irréprochable.

Quant aux orfèvres, nous les connaissons pour les avoir vu travailler sous Louis XVI, et leur carrière se poursuit admirable dans un goût différent.

Du côté de l'architecture, on construit l'*Arc de triomphe* de l'Étoile, le *Temple de la gloire* (aujourd'hui église de la Madeleine), la *Colonne Vendôme*, monuments typiques empruntés à Rome et à Athènes.

Les peintres, eux, régis par David, refroidissent leur génie dans la vision rétrospective de l'antique, tandis que l'auteur des *Sabines* et de *Brutus* s'affranchit parfois de sa doctrine implacable, dans des pages supérieures comme le *Portrait de Mme Récamier* et le *Sacre.*

Les sculpteurs, de leur côté, ne suivent point

FIG. 150. — *Costume Louis XVI, d'homme.*

d'autre voie que celle de la peinture, c'est dire leur esclavage de la forme classique et la paralysie de leur conception originale.

Deux mots du costume, pour finir. On quitte, dès la Révolution, la poudre et la frisure ; plus de perruques, les cheveux sont coupés courts. Les boucles disparaissent des chaussures souvent remplacées par des bottes. L'habit est en drap noir, sans broderie ni galons; on porte aussi la veste à basques dite *carmagnole*, avec un pantalon ample, et une large et longue redingote dite *houppelande* sert de vêtement d'hiver. Les distinctions de mise, établies entre les différentes classes de la société, disparaissent. Plus de robes de velours et de satin pour les femmes, mais des étoffes en toile peinte, des percales, des mousselines et des cotonnades.

A l'époque du Directoire, la richesse et l'élégance sont de retour, et tandis que les corsages des robes s'échancrent excessivement, découvrant la poitrine, les jupes au contraire s'allongent. C'est l'heure où David dessine les costumes des fonctionnaires publics, affublés d'un pantalon et d'un habit dont les revers continuaient le collet et dont le bas, formant jupe, couvrait les cuisses. C'est l'heure aussi des modes excentriques portées par les merveilleux, les merveilleuses et les incroyables!

Sous le premier Empire, enfin, la statuaire antique ne pouvait manquer de commander encore au costume et, la robe des femmes recherche plutôt la ligne que les falbalas. La ceinture est placée immédiatement au-dessous du sein et la draperie tombe raide jusqu'aux pieds.

Le diadème, le turban, les mousselines brodées d'or et de perles, les plumes, ornent tour à tour le chef délicat de ces déesses, dont le châle en cachemire de l'Inde, est retenu par un camée.

Il nous reste à parler maintenant, de l'art et du style

Fig. 151. — *Costumes Louis XVI, de femme.*

après la chute de l'aigle, c'est là la tâche la plus ingrate de notre travail.

Après le premier Empire, nous assistons à une débâcle, au triomphe de l'impersonnel. Point d'idéal, partant point d'art. Lorsqu'on ne crée plus on dégénère et voilà toute l'originalité qui dérive de cette impuissance : une altération.

L'esprit bourgeois va s'installer au chevet de l'esthétique, et la majesté arborera un bonnet de coton. C'est l'avènement de l'armoire à glace et du fauteuil « crapaud », deux inventions « pratiques » mais hideuses : c'est le régime de la platitude.

L'art de paraître, dictera le simili qui est la parodie du vrai luxe.

La collection de M. Thiers, au musée du Louvre, mériterait d'être exposée sous le parapluie fameux du roi Louis-Philippe!

Aussi bien la décadence des styles date de la première Restauration et coïncide singulièrement avec l'avènement du romantisme vainqueur du classicisme.

L'étude de l'archéologie amène à « découvrir » un style *Troubadour*, réminiscence tronquée du gothique, l'acquisition de la collection Campana inspire un style étrusque et le second Empire exhumera un style pseudo-Renaissance !

En somme, la démocratie a d'autres préoccupations que l'art et, les artistes un moment déconcertés par les chefs-d'œuvre du passé, trouvent une excuse à leur stérilité. Ils sont à bout de tradition et d'archaïsme, l'encouragement à l'idéal faillit aussi à sa tâche dans la succession des régimes politiques.

Toutes les tentatives vers un style, après le premier Empire, échouent donc piteusement. On interprète la sobriété décorative dans le sens de l'économie, l'ordonnance de la ligne par de la symétrie, et le bon goût se sacrifiera désormais à la commodité.

L'esprit romanesque vers 1830 rénovera le romantisme, la sensiblerie et son cortège languissant de mesquineries. En un mot on aura perdu le fil des styles que la prétention remplacera et on vivra de redites.

L'impératrice Eugénie empruntera pour son décor, les fraîches séductions du Louis XVI, et auparavant, l'auguste épouse de Louis-Philippe avait préféré les atours pimpants de la Régence.

Si l'on se tourne du côté du costume, même altération. Dans leur enthousiasme pour les militaires, quelques extravagantes du premier Empire affrontèrent le ridicule du pantalon, et quelques élégantes de nos jours ont essayé d'arborer la culotte, tout comme Marie-Antoinette, d'ailleurs, et nombre de marquises du siècle dernier, et même de bourgeoises sous la Restauration avaient osé cet accoutrement qui somme toute, ne déparait pas leur beauté. Mais, il faut laisser à Napoléon III la laideur incontestable de la crinoline, inséparable de son règne. En vérité, il était temps que l'esthétique se ressaisît, sinon la mode, dont le caprice représente plutôt le goût industriel que l'effort industrieux.

Au surplus, la mode n'est qu'un éternel recommencement auquel nous devons nous résigner.

Mais en terminant, nous ne manquerons pas de saluer l'essor décoratif moderne. Notre « modern-style » prêche un retour à la foi d'une esthétique originale appropriée à l'esprit nouveau, adaptée à la société actuelle; et, s'il faut attendre la mise au point des systèmes mis en œuvre, avec plus ou moins de convenance et d'à propos, il importe d'encourager des efforts souvent singuliers, toujours intéressants.

Au chapitre suivant, le lecteur terminera dans la description de nos gravures, un enseignement que nous nous sommes efforcé de rendre clair. Il se rendra compte en un mot, par lui-même, *de visu*, de l'esprit du style Louis XVI dont la subtilité, souvent, échappa à la valeur des mots.

CHAPITRE XI

Causerie sur nos gravures

Les planches de 1 à 20 nous montrent un ensemble de motifs décoratifs : *culots* (ou point de départ des volutes ou des rinceaux de feuillage); *chutes* (en quelque sorte la tête ou extrémité supérieure des pieds du meuble) ; *frises* (ou ornements en bandeau), *rinceau* (ou motif ornant le meuble à la base du tablier); *sabots* (ou motifs décorant les pieds du meuble) ; *entrées de serrures*, *poignées*, etc. ; chutes en draperie, en forme de console ; chutes de guirlandes, etc. A cette inspiration caractéristique viennent s'ajouter les feuilles de laurier et de chêne, les rubans, les perles, la draperie, le médaillon, les trophées, etc., inséparables du style qui nous occupe avec les houlettes, les gerbes de fleurs des champs, les urnes, les corbeilles, etc.

A remarquer le caducée (*fig.* 4, au bas de la planche)

et l'arc du rinceau (*fig.* 5, en haut de la planche), qui servent de thèmes aux motifs. Le caducée est cannelé en spirale, à sa base, et il tient du carquois (cannelé verticalement) dans son ensemble. Nous retrouvons ces deux modes de cannelures dans la plupart des pieds de meubles et, la cannelure horizontale [comme celle de la chute-console de la figure 7 (avant-dernière gravure en haut et à droite)], entre la guirlande et les feuilles d'acanthe de la base, n'est pas moins fréquente.

Le motif feuille d'acanthe ou rosace rectangulaire (comme celles qui surmontent le caducée encadré de rinceaux de la figure 4) est aussi très typique, de même que les médaillons enguirlandés et rubannés, servant de poignée, lorsqu'ils sont réunis par une guirlande plus importante (*fig.* 3, motif du milieu et en haut), d'entrée de serrure, etc. Très usités en architecture également, ces ornements.

Voici encore des têtes de satyres, de lions et de béliers, des masques en feuillage (notamment le cul-de-lampe du chapitre XI), des grotesques, des rinceaux à tête d'aigle (entête du chapitre V), des trépieds, des griffons, etc. Les griffons de l'entête du présent chapitre, avec leurs rinceaux d'une sécheresse particulière, sont bien proches de ceux qu'affectionnera le premier Empire. Quelle différence avec les souple feuillages du pur Louis XVI, avec la vérité des gerbes de fleurs et des guirlandes de fruits représentées aux figures 7 et 8 !

En dehors de ces motifs, nos gravures nous montrent des *postes* (*fig.* 7, bordures de droite et de gauche), des *imbrications* ou écailles, des cannelures ponctuées de *gouttes* et autres ornements empruntés à l'antique.

A retenir la chute à cannelures à jours, représentant un *triglyphe*, bordée de guirlandes et terminée par des gouttes, très fréquente (*fig.* 9 et 16); et voici une rosace de feuilles de laurier (cul-de-lampe du chapitre IV), un cabochon de feuillage ou rosace carrée (cul-de-lampe du chapitre V). Au surplus, le lecteur, en examinant la richesse des trophées que nous donnons, se rendra aussi compte de leur variété.

Nota bene : il y a des rosaces triangulaires, ovales, etc.

FIG. 21. — *Petit Trianon*, à Versailles. Voisin du Grand Trianon, œuvre de Mansard, le Petit Trianon fut construit par Gabriel, sous Louis XV. Ce petit château fut donné par Louis XVI à Marie-Antoinette, comme don de joyeux avènement, en 1774. Le charmant jardin anglais qui l'accompagne, agrémenté de constructions rustiques — le fâmeux hameau de la souveraine — respirait un parfum d'opéra-comique dont elle aimait à s'enivrer avec les dames de sa suite vêtues en paysannes. Malgré qu'il ait été bâti sous

Louis XV, le Petit Trianon est d'une harmonie architecturale bien Louis XVI et voici pourquoi nous voyons figurer dans notre travail, ce palais en miniature, inséparable de cette fin du XVIIIe siècle, aristocratique et mièvre.

A remarquer dans la planche 22 (*Escalier du Petit Trianon, palier du premier étage*), les croisillons des petits carreaux disposés en éventail sur l'imposte de la grande croisée de droite, l'œil-de-bœuf encadré de guirlandes au-dessus de la petite croisée voisine, et la beauté de l'escalier où la dorure chante sur le métal bruni. Dans le vestibule de la planche 24 : une lanterne bien typique.

Fig. 25. — *Palais de Bagatelle*, au Bois de Boulogne, près de Paris. Il fut bâti, dit-on, en soixante jours, vers 1779, par Bellanger, pour le comte d'Artois qui en fit un lieu de plaisance et de plaisir. Des entrepreneurs de fêtes champêtres le louèrent pendant la Révolution et, rendu à son propriétaire à la Restauration, il porta quelque temps le nom de *Babiole*, au lieu de Bagatelle. *Nota bene :* les frises sculptées qui ornent la partie supérieure de ce palais, sont de style Empire.

Fig. 27. — *Barrière de la porte Denfert*, à Paris, par Ledoux. Ce bâtiment, ainsi que celui qui lui fait vis-à-vis, est un des derniers vestiges des anciennes barrières, il est aujourd'hui affecté au service municipal des XIIIe et XIVe arrondissements, et se trouve place Denfert-Rochereau, à l'entrée de l'avenue d'Orléans. On remarquera la frise décorative inspirée de l'antique qui orne la partie supérieure de cette construction, dont les colonnes alternant les formes carrées et rondes, sont, d'autre part, singulières.

Fig. 28. — *Escalier du grand théâtre de Bordeaux*, par Victor Louis. A remarquer la richesse et la simplicité de cet escalier dont s'inspira sans doute Charles Garnier, lorsqu'il construisit son escalier du grand Opéra de Paris. On est frappé de cette ressemblance dans les dispositions et l'aspect général. Il n'est pas jusqu'à la porte située sur le premier palier, encadrée de cariatides supportant un fronton, qui ne rappelle celle du palais Garnier. Mais il y a des airs de famille dans les chefs-d'œuvre. Le théâtre de Bordeaux compte parmi les plus beaux de l'Europe.

Fig. 31. —*Palais de la Légion d'honneur*, par Rousseau (vis-à-vis le jardin des Tuileries, à Paris). Construit de 1782 à 1789 pour le prince Frédéric de Salm-Kyrbourg, ce gracieux monument fut incendié pendant la Commune et reconstruit sur les mêmes plans par Mortier. On remarquera les toits plats, en terrasse, la rotonde supportée par des colonnes et bordée de statues, les œils-de-bœuf ornés de bustes, les bas-reliefs sculptés, etc., qui font du palais de la Légion d'honneur un exemple typique de l'art architectural sous Louis XVI. Des peintures d'Yvon, de Maillot et de Jean-Paul Laurens décorent maintenant l'ancien hôtel de Salm, affecté depuis 1804 à l'administration de l'ordre et à la résidence des grands chanceliers de la Légion d'honneur.

FIG. 35. — *Tombeau du Maréchal Maurice de Saxe*, par Pigalle (église de Saint-Thomas, à Strasbourg). L'artiste a représenté le maréchal se dirigeant vers un cercueil qu'entr'ouvre la Mort, tandis que la France en pleurs s'efforce de le retenir. Sur la droite du héros, on aperçoit l'aigle d'Autriche, le lion belge et le léopard anglais agonisant sur leurs drapeaux et, vis-à-vis de la Mort, Hercule se désole. A gauche du personnage principal, l'Amour tient son flambeau renversé. Sur l'ordre de Louis XV, Pigalle dut métamorphoser ce symbole des « faiblesses » du maréchal en celui du génie de la guerre, grâce à l'addition d'un casque mais, lors de l'inauguration du monument, en 1777, Louis XV étant mort, le célèbre sculpteur revint à son idée initiale et rétablit Cupidon.

FIG. 39. — *Chambre à coucher de Marie-Antoinette* au Petit Trianon, à Versailles (côté de la cheminée.

Décor mural (où la guirlande domine) blanc ainsi que les bois des chaises et de la bergère. A remarquer sur la cheminée, de chaque côté de la pendule, les fleurs en métal ciselé qui ornent les vases. On aperçoit dans la glace, le lambrequin du lit qui figure dans la gravure suivante.

FIG. 40. — *Chambre à coucher de Marie-Antoinette* au Petit Trianon. Lit Louis XVI traditionnel, en sa riche simplicité. Tête et pied tapissés d'étoffe. Motifs décoratifs : colonnes, cannelures, perles. Petite table aux fines moulures de cuivre. Cette gravure complète la précédente.

FIG. 42. — *Clavecin de Marie-Antoinette*, dans le salon du Petit Trianon. A remarquer la délicatesse des lambris de ce délicieux petit salon. Ornements : couronnes de chêne ornées de lis, instruments champêtres dans les frises, guirlandes au-dessus de la glace — en deux parties — rinceaux au plafond, postes, etc. Nous donnons la description de la chaise qui figure dans cette planche au numéro qui la concerne particulièrement (*fig.* 52). L'épinette, sorte de petit clavecin inventé au XVe siècle, n'avait qu'une corde pour chaque note — au début du moins — ses cordes en forme d'épine, d'où son nom, étaient pincées par un bec de plume. Après cette épinette rudimentaire, vint l'épinette à marteaux qui donna plus tard l'idée du piano. L'épinette avec sa voix grêle et traînante, accompagna à souhait les tendres pastorales et idylles de l'époque qui nous occupe et, le plus grand luxe présida à sa construction comme à sa décoration. Jean-Jacques Rousseau fut un des derniers adeptes de cet instrument. Le clavecin (*fig.* 42) est, après l'épinette, l'un des précurseurs du piano, il n'eut au début (XVe siècle) que trois octaves et il en avait six à la fin du XVIIIe siècle. Son emploi fut abandonné à l'Opéra de Paris vers le milieu du XVIIIe siècle, bien que l'on ait déjà, au commencement de ce siècle, inventé le système des marteaux qui devait, sous le nom de piano-forte et de piano, amener peu à peu au perfectionnement de cet instrument de musique rudimentaire et, à sa disgrâce. Voltaire, qui comptait parmi les détracteurs du piano, disait qu'il n'était « qu'une invention de chaudronnerie en comparaison du clavecin ».

FIG. 44. — *Petite bibliothèque*, etc., au Petit Trianon. Bibliothèque aux formes rigides; sur les angles : des cannelures; au fronton : des denticules; sur les frises : des rinceaux comme ceux qui décorent la partie inférieure. Guéridon dont le plateau rond en marbre blanc est entouré d'une petite galerie de cuivre à balustres; aux pieds droits quadrangulaires terminés par des extrémités animales. Le dossier de la chaise est à médaillon.

FIG. 45. — *Porte, dessus de porte et corniche de la grande salle à manger* (Petit Trianon). Sur le côté droit et en haut de la gravure, l'amorce d'un lustre en cristal. De chaque côté, des fauteuils tapissés de Beauvais. Sur l'imposte arrondie : des griffons. Autres ornements : tête de Bacchus entourée de pampres, petites consoles, oves, etc...

FIG. 48. — *Détail de la porte précédente.* Toute la serrurerie est dorée. Couronnes de fleurs, moulures d'oves.

FIG. 49. — *Une cheminée* (Petit Trianon). Elle est en marbre blanc sculpté, décorée de pampres sur son linteau et de têtes de béliers sur ses jambages. *Nota bene:* les chenets sont de style Louis XV. A droite de la cheminée, une petite commode en acajou avec appliques de cuivre doré et ciselé. A remarquer les pieds en carquois, le motif losange qui décore le tablier. Sur le plateau de marbre repose une girandole à cristaux.

FIG. 50. — *Encoignure du boudoir de Marie-Antoinette* (Petit Trianon). Le meuble qui garnit cette encoignure est en acajou bordé de fines moulures de cuivre doré et ciselé. Il fait tache sur la blancheur qui l'environne. Admirer la délicatesse des lambris.

FIG. 51. — *Salon* (Petit Trianon). Voir les figures 42, 43 et 52 qui donnent des détails empruntés au même salon. La glace de la présente cheminée fait vis-à-vis à celle devant laquelle se trouve le clavecin (*fig.* 42). Sur la table du milieu: une pendule rotative sous verre; à droite et à gauche de la table, deux chaises au monogramme de la reine. A remarquer la grâce du lustre.

FIG. 52. — *Chaise au monogramme de Marie-Antoinette* (Salon du Petit Trianon, voir la gravure précédente). Bois laqué blanc, dossier à jours, siège en tapisserie. Un M et un A, dans un ovale surmonté d'une couronne, entre deux flèches, et rattaché par des rubans à un cadre bordé de colonnettes. Cannelures, perles, pieds de devant en carquois.

FIG. 53. — *Vue d'un des angles d'une chambre* (Petit Trianon). Meubles Louis XVI, mais cheminée plutôt mouvementée dans la manière du Louis XV. Voir le détail de la coiffeuse (*fig.* 95) et du petit meuble (*fig.* 115) représentés ici.

FIG. 54. — *Fauteuils et pendule à gaine.* Pendule Louis XVI, mais fauteuils de transition, ils portent bien des ornements Louis XVI, mais les consoles des bras ou soutiens des accoudoirs, ainsi que les pieds de ces sièges, conservent encore le mouvement du Louis XV.

FIG. 55. — *Canapé, fauteuils et lambris* (Petit Trianon). Les deux dossiers des fauteuils sont dits « à chapeau ». Les cannelures du fauteuil de gauche et du canapé sont droites, celles du fauteuil de droite sont torses. A remarquer les fines arabesques qui décorent les lambris.

FIG. 56. — *Fauteuil Louis XVI, style de transition*, fin Louis XV, début de Louis XVI (musée des Arts décoratifs). Les pieds et les consoles des bras du meuble ont le mouvement Louis XV, mais les ornements empruntés à l'antique, feuille d'acanthe et postes, sont bien Louis XVI.

FIG. 57. — *Canapé Louis XVI, style de transition*, fin Louis XV, début de Louis XVI (musée des Arts décoratifs). Même observation que la précédente, moins la désignation des ornements antiques qui varie.

FIG. 58 — *Console Louis XVI, style de transition*, fin Louis XV, début de Louis XVI. Même observation que les deux précédentes. Feuille d'acanthe contorsionnée dans le goût du Louis XV, mais l'urne enguirlandée est bien Louis XVI, ainsi que l'ornement antique de la frise. Sur la console, le buste de Louis XVI. Les ornements décoratifs des lambris sont Louis XV.

Fig. 59. — *Fauteuil Louis XVI* (musée des Arts décoratifs). Dossier en médaillon, soutiens du dossier et consoles des bras, de style Louis XVI composite, ornementation de feuille d'acanthe, la manière la plus rare et la plus prisée des amateurs. On pourrait établir quelque rapprochement entre cet enjolivement et celui que le dessinateur de meubles Delafosse aimait à donner à ses manifestations. Pieds en carquois, rubans, rosaces rectangulaires, etc.

Fig. 60. — *Bureau à cylindre* (musée des Arts décoratifs). En comparant ce meuble à celui de Oëben et Riesener (le bureau-cylindre de Louis XV, au Louvre), on pourra nettement se rendre compte de la différence constructive et ornementale des deux époques Louis XV et Louis XVI. Ici des lignes droites et froides, là des formes contournées et enthousiastes.

Fig. 61. — *Fauteuil Louis XVI* (musée des Arts décoratifs). Dossier à « chapeau » dont les colonnettes cannelées sont terminées à leur extrémité, par un motif « panache ».

Fig. 62. — *Cheminée, panneaux*, etc. (musée des Arts décoratifs). Ensemble de pur style. La cheminée en marbre blanc sobrement sculpté, est étroite à souhait. Pendule, appliques ou bras, chenets, etc., sont de toute beauté.

Fig. 63. — *Fauteuil* (musée des Arts décoratifs). Ornementation plus luxuriante que de coutume. A remarquer, sur les pieds, les ornements disposés dans les cannelures, dits tigettes à culots ou vulgairement « asperges » parce qu'ils portent des agréments à l'extrémité de leur « chandelle ». Sans ces agréments, plus ou moins variés et nombreux, l'ornement figurant dans les cannelures s'appelle un tube ou une « chandelle » (voir la figure 66).

Fig. 66. — *Commode-vitrine, chaises* (musée des Arts décoratifs). Commode-vitrine en acajou rehaussé de motifs antiques en bronze ciselé et doré. On goûtera l'aspect calme de ce meuble encadré de curieuses chaises à dossiers de bois à jours. Au pied de ces chaises, on remarquera des « chandelles » dans les cannelures. Les consoles qui figurent dans le fond sont Louis XIV.

Fig. 69. — *Canapé de Marie-Antoinette* (musée des Arts décoratifs). Il est à remarquer que si ce canapé a trois pieds, celui de la figure 55 en a quatre. On aime beaucoup les pieds de meubles sous Louis XVI.

Fig. 70. — *Cheminée*, *chaises*, etc. (musée des Arts décoratifs). Voir figure 85 le détail de la chaise qui se trouve à gauche de la cheminée. A remarquer à droite, dans les cannelures de la base de la colonne qui sert de piédestal au buste, les agréments décoratifs dits « asperges ».

Fig. 71. — *Fauteuil* (musée des Arts décoratifs). Consoles des bras cannelées en spirale, pieds cannelés droits.

Fig. 72. — *Console*, *lambris*, etc. (musée des Arts décoratifs). Comparer ce meuble de pur style avec celui de la figure 58, qui est composite. On remarquera sur les deux gravures, le motif vase enguirlandé, similaire. Voir figure 139 le détail du groupe en biscuit de Sèvres visible sur cette console, au milieu.

Fig. 73. — *Secrétaire* (musée des Arts décoratifs). Dans la partie supérieure du meuble, la galerie de cuivre ajourée, typique, interrompue sur le devant. Le panier fleuri et enrubanné qui pare le panneau central, est en fine marqueterie. Voir figure 128, le détail de la pendule visible sur ce secrétaire.

Fig. 74, 83 et 86. — *Étoffes d'ameublement.* Tissus de soie, brocarts et brocatelles. Sur la première étoffe (*fig.* 74) les bouquets sont de couleur naturelle et, les palmes qui les accompagnent, sont jaunes. Le fond est bleu passé. Sur la deuxième (*fig.* 83) les motifs (bouquets, au ton naturel, palmes jaune clair) se détachent sur un fond rouge cramoisi. Sur la troisième (*fig*. 86) les dessins sont brochés jaune clair sur vert-bleu clair.

Fig. 76. — *Vantaux de portes cintrés*. Motifs sur les panneaux supérieurs : draperie, médaillon fleuri ; sur les panneaux inférieurs : fleurs au naturel ; sur les panneaux intermédiaires : postes (ou « chiens courants ») et rosaces. On remarquera l'effet singulier de cet ornement grec parmi la fantaisie bien française du décor général. Les portes cintrées, étant donnés certains salons ovales et les rotondes, sont nombreuses sous Louis XVI.

Fig. 81. — *Commode* (musée des Arts décoratifs). A remarquer, dans le prolongement du pied droit jusqu'en haut, la chute-triglyphe bordée de guirlandes et terminée par des gouttes, très fréquente (voir la description des figures 9 et 15). Ce motif existe naturellement en pendant, de l'autre côté du meuble. Les anneaux qui servent à tirer les tiroirs, sont des couronnes. Au bas du panneau du milieu ou tablier, le motif dépassant dit *rinceau*. La commode, en marqueterie d'acajou, est recouverte d'un marbre, les motifs appliqués sont en bronze ciselé et doré. A remarquer aux pieds, les « sabots » ou ornements métalliques, en l'occurence des feuilles d'acanthe.

Fig. 82. — *Petite table* en acajou et marqueterie. A

remarquer sur chaque côté, la chute en draperie et, plus bas, en dessous, les deux gouttes qui tombent de la moulure (en bronze doré et ciselé comme les chutes et l'entrée de serrure).

Fig. 85. — *Chaise* (musée des Arts décoratifs). Décor chinois en tapisserie. Motifs décoratifs : rubans, rosaces carrées, cannelures ornées de chandelles dans les pieds. La tapisserie est bordée de clous de cuivre rapprochés qui font l'effet de perles. L'aspect du meuble est singulièrement carré et d'une élégance primitive.

Fig. 88. — *Fauteuil* (musée des Arts décoratifs). Dossier en « chapeau » ; cannelures torses (consoles des bras et les pieds) ; autres motifs : cannelures droites, postes, rosaces d'acanthe carrées (entre la tête des pieds et la base des consoles des bras).

Fig. 89. — *Encoignure* (musée des Arts décoratifs). Les deux tablettes dont une, l'inférieure, est en forme de « rognon », sont bordées avec la galerie à jours typique. Le meuble est en acajou recouvert d'une tablette de marbre blanc. On remarquera les fines cannelures des pieds.

Fig. 91. — *Bergère*. Les postes qui sculptent le bois du meuble dans sa partie inférieure sont bien lisibles, ainsi que la rosace inscrite au milieu du rectangle placé à la tête des pieds, et les cannelures. Le mouvement des bras est encore un peu Louis XV.

Fig. 93. — *Fauteuil* (musée des Arts décoratifs). Ce meuble où s'accuse déjà la lourdeur qui triomphera avec le style Empire, marque la fin du Louis XVI. Remarquer ses pieds, les consoles de ses bras carrés; son aspect massif en général.

Fig. 95. — *Coiffeuse* (Petit Trianon). En se rabattant, le miroir ferme le meuble dont les volets de droite et de gauche sont également mobiles. L'ensemble est en marqueterie d'acajou bordé de moulures en bronze ciselé et doré. Les roulettes apparaissent aux pieds des meubles dès Louis XVI.

Fig. 98. *Cartel.* — Au sommet, vase antique drapé, couronné d'une pomme de pin, fleurons et têtes de béliers à droite et à gauche du cadran que des dépouilles de lion festonnent; la tête du lion sous le cadran. Vers la base, des gouttes encadrées de pommes de pin. On remarquera l'architecture carrée des moulures, les cannelures horizontales typiques, alternant avec des cannelures verticales, les godrons situés au-dessus du cadran, etc. Le cartel est en bronze ciselé et doré.

Fig. 101. — *Pendule.* Sujet tendre (bronze) au goût du jour. Les rinceaux et les moulures appliqués sur le marbre blanc sont en bronze doré. Quatre pieds pour soutenir cette pendulette! Nous avons dit en quelle estime on tenait les pieds, sous Louis XVI.

Fig. 102. — *Miniature et cadre.* Guirlandes et perles, feuilles d'acanthe. Joli mouvement de volutes terminées en manière de grecque, à angles droits, de chaque côté du couronnement.

Fig. 104. — *Pendule* marbre blanc et applications de bronze ciselé et doré. On remarquera la disposition singulière du cadran surmonté et flanqué de vases, reposant sur un portique. Le motif torsades et perles borde les moulures ; des rosaces, des chutes de feuillage, ornent les montants du portique et le cadran est encadré de rameaux de chêne attachés par un ruban. A l'extrémité du balancier : une tête grecque.

Fig. 107. — *Glace* en bois sculpté et doré. Motif décoratif supérieur : des colombes se becquetant.

Fig. 108. — *Chandelier en cuivre ciselé et doré.* On remarquera l'harmonie et la simplicité de sa forme finement décorée de cannelures, de perles et de rubans. Et ces cannelures, vers la base, sont délicatement agrémentées de chapelets et de discrètes chutes de fleurs. En terme d'ébénisterie, nous avons dit que ces ornements insérés dans les cannelures s'appellent soit des *chandelles* ou *tubes* (lorsqu'ils sont simples), soit des *tigettes à culots* ou *asperges*, lorsque ces ornements sont agrémentés. Et il va de soi que le métal est plus favorable à l'ornementation que le bois, dans ces cannelures ouvragées.

FIG. 109. — *Candelabre-applique* ou *bras*. Au sommet de l'applique, on remarquera le vase enguirlandé dont le couvercle cannelé est surmonté d'une pomme de pin. Les bras du candélabre, carrés dans leur épaisseur, sans être rigides, sont d'une correcte torsion. Porte-bougies et bobèches (ces dernières bordées de laurier), cannelées. Sur la tige droite qui termine l'applique, à sa base : une tête de bélier.

FIG. 111. — *Vase-candélabre*. Urne en porcelaine de Sèvres et garnitures de bronze doré et ciselé. Les anses sont des rameaux de laurier, et la même feuille a inspiré le col et la base de l'urne, flanquée, d'autre part, du médaillon enguirlandé et enrubanné de Louis XVI. De cette urne jaillissent des rinceaux de feuillage stylisé au bout duquel sont les bobèches bordées de perles. Sous le premier Empire, cette stylisation du feuillage s'accentuera jusqu'à perdre l'aspect nature.

Fig. 112. — *Chandelier en cuivre doré et ciselé*. Il est massif et surchargé de nervures et de bosses. Sa base même, fait songer au style Louis XV. Mettons que ce chandelier date du début de Louis XVI. On rencontre les chandeliers aussi bien en vermeil et en argent ; cette observation concerne le luminaire, en général.

Fig. 113. — *Chandelier en marbre blanc et bronze ciselé*. Il est petit et trapu. Sur son fût de marbre blanc (comme sa base bordée de perles) s'enroule une guirlande de laurier en bronze et, en manière de chapiteau : un vase également en bronze où l'on introduit la bougie. L'effet du métal sombre sur le marbre clair, est charmant. (Collection Hopilliart et Leroy.)

Fig. 114. — *Vase jaspe et cuivre ciselé*, sur une base de porphyre. Ce vase avec son pendant, sert de garniture de cheminée au salon du Petit Trianon (*fig.* 51).

Fig. 115. — *Petit meuble de nécessité* en laque de Chine. A remarquer la galerie de cuivre à jours qui lui sert de base et sa charnière, sans rapport d'ailleurs avec le style Louis XVI. On goûtera la discrétion de ce meuble intime qui servait de chaise percée.

Fig. 116. — *Pendule*. Amour lutinant une jeune femme. Bronze ciselé et doré, marbre blanc. L'idée d'innocence ou de naïveté inséparable de ces sujets ambigus, est ici personnifiée par un autre Amour dont l'index de la dextre est engagé dans la commissure droite de la lèvre, suivant le geste candide consacré. De chaque côté du socle, on voit deux rosaces rectangulaires. (Collection Hopilliart et Leroy.)

FIG. 117. — *Chandelier*. Plus élégant que les précédents, avec sa délicate colonne pentagonale terminée à sa base par des griffes d'animaux; avec ses perles en bordure, avec ses bracelets aux fins guillochis sur lesquels se détachent des rameaux de laurier.

FIG. 118. — *Baromètre* en bois sculpté et doré. Malgré sa sculpture rudimentaire, il est très typique avec ses colombes se becquetant, son vase drapé, ses deux manières de triglyphes qui flanquent le cadran et l'espèce de draperie qui tombe au-dessous. A remarquer les cannelures horizontales, verticales et en biais, les feuillages de laurier qui dépassent les triglyphes (ornements que nous avons vus sur les meubles). Ces baromètres décoratifs étaient très prisés sous Louis XVI.

FIG. 119. — *Chenet*. Le vase et le lion sont en métal doré plus sombre que le reste. Sur le vase, les ornements typiques : pomme de pin, guirlandes, têtes de bélier, cannelures et feuilles d'acanthe. Le lion repose sur des rameaux de laurier; sur les quatre pilastres qui aboutissent aux pieds (ornés de rosaces rectangulaires) on voit des cannelures dans lesquelles s'insèrent des « asperges ». A remarquer encore le trophée et les guirlandes enrubannées qui complètent ce décor.

Fig. 122. — *Pendule* bronze et cuivre doré (collection Hopilliart et Leroy). Deux enfants au geste gauche représentant l'Innocence. Un oiseau, aux pieds de la fillette de droite, ajoute au symbole ; l'oiseau vient de s'échapper de la cage que l'on aperçoit auprès du petit garçon. La frise d'acanthe qui souligne les personnages, est en cuivre doré et, au-dessous, on aperçoit un bouton servant à tirer un tiroir. L'ensemble repose sur une base de marbre blanc.

Fig. 123. — *Chenet* de cuivre doré. Balustrade surmontée d'un lion. Sur les deux socles coiffés de boules, on remarque deux rosaces rectangulaires, et un filet de perles borde balustrade et socle. Les chenets, sous Louis XVI, sont de petit volume.

Fig. 124. — *Chenet* (vu de face). L'élégance de ce chenet, autant dans la ligne que dans le luxe de l'ornementation, est remarquable. Au sommet, une cassolette d'où s'échappe une flamme, sur un trépied terminé par des sabots de bélier. Des têtes de bélier flanquent la cassolette, au point de départ, c'est-à-dire à l'opposé des pieds, et, une guirlande de fruits se courbe gracieusement de chaque côté du trépied. Cette guirlande emprunte à la vérité naturelle. Le trépied repose sur l'amorce d'une base de colonne cannelée. Aux deux extrémités du socle, pour ainsi dire, on voit deux bourgeons prêts à éclore plutôt que des pommes de pin — et séparés par une bordure de perles, sous le trépied, une tête grecque entourée de rameaux de laurier, des rinceaux, des couronnes, formant frise. La chevelure de cette tête grecque est retenue au sommet par une rosette bien française, la rosette Louis XVI. Sous les rinceaux de la frise sont des draperies. Le pied du milieu, enfin, est un bourgeon renversé, analogue à ceux qui décorent le socle sur chacun de ses côtés, tandis que les deux autres pieds, situés précisément dans le prolongement des pommes-bourgeons du socle, sont des feuilles de laurier terminées par des boules.

Fig. 125. — *Thermomètre et baromètre*, en métal ciselé et doré, Motifs : vase, perles, feuilles d'acanthe, rameaux de laurier (de chaque côté du cadran), cornes d'abondance (à la base du thermomètre).

Fig. 126. — *Cadre* en bois sculpté, peint en gris. La moulure principale est enrubannée. La fine moulure du cadre intérieur est dite : chapelet.

Fig. 127. — *Chenet* de cuivre doré. Balustrade encadrée de deux socles surmontés de sphères. Sur les socles, en bas-relief : des losanges ; sur la partie utile du chenet, c'est-à-dire derrière sa façade ornée : deux obélisques.

Fig. 128. — *Pendule* en cuivre doré et ciselé (musée des Arts décoratifs). Vase drapé au sommet, reposant sur des pieds de biche. De chaque côté du cadran, des cornes d'abondance surmontées d'une tête de satyre. On retrouve les motifs : ruban, cannelures, feuilles d'acanthe et de chêne ; les formes bien carrées que tronquent seules sur les flancs du cadran cubique, la sage courbure des cornes d'abondance. La base de la pendule est en marbre blanc décoré de rinceaux de bronze et de rosaces.

Fig. 129. — *Pendule rotative*. Petit monument en miniature ; dôme soutenu par des cariatides. Les heures sont montrées par une flèche fixée dans le dôme au-dessous duquel tourne le cadran. Des colonnes d'ordre dorique supportent la plate-forme supérieure bordée d'une galerie, où se trouvent le mouvement d'horlogerie et le carillon. Des chaînes terminées par des glands forment guirlande sous la plate-forme et les colonnes reposent sur une plate-forme inférieure également bordée d'une galerie. A l'extrémité du balancier, un soleil rayonne. Les colonnes sont en onyx, les deux plates-formes en marbre blanc, le reste est en bronze ciselé et doré. A remarquer la galerie bordée de perles, bien typique.

Fig. 130. — *Vase en porphyre et cuivre ciselé et doré.* Essentiellement décoratif, il figure dans la garniture des cheminées. L'effet rouge foncé de sa matière, avec le cuivre doré de ses bordures, de ses anses et de ses pieds, est des mieux assorti.

Fig. 131. — *Pendule* en forme de lyre terminée à son extrémité par des têtes d'aigles dont le bec tient une guirlande de fleurs. La lyre est agrémentée de perles et de feuilles d'acanthe. La base seule de la pendule est en marbre blanc. Le cadran oscille comme un balancier. Entre les deux têtes d'aigles, au sommet, un rameau de fleurs aux pétales étoilés, quelque tournesol, sans doute.

Fig. 132. — *Harpe.* Instrument fort à la mode avant l'apparition du piano. Après le premier Empire, nous voyons la harpe pour ainsi dire délaissée dans les salons, elle vibra pour la dernière fois avec la dernière romance. Aujourd'hui, en dehors de l'orchestre, la harpe que peu d'amateurs cultivent, est plutôt un objet décoratif. Les femmes au xviiie siècle et au début du xixe furent surtout passionnées pour cet instrument qui faisait valoir la grâce de leurs bras nus. A remarquer, sur notre gravure, à l'extrémité de la harpe, sous la volute, un vase rempli de fleurs, typique avec ses cannelures torses et sa console; les cannelures agrémentées, du montant de gauche, ne sont pas moins caractéristiques.

Fig. 135. — *Pendulette* de métal ciselé et doré de diverses couleurs (du clair au sombre), sur socle de marbre blanc. Vase rempli de fruits et de feuillage tombant en volutes. Autour du cadran : des perles, au-dessous : des cornes d'abondance et une rosace. De chaque côté : des chutes de laurier et des consoles. Des postes sur la console de marbre.

Fig. 136. — *Biscuit de Sèvres*, sujet pastoral. Quelque goûter champêtre. Aux pieds du « galant », un chien, symbole de la fidélité. Sur le socle en bois doré, des perles et des feuilles d'acanthe. Le biscuit de Sèvres est un biscuit de porcelaine fabriqué avec des pâtes de premier choix. Les statuettes ainsi moulées ont, lorsqu'elles sont cuites, l'aspect du marbre, d'autant qu'elles ne sont pas émaillées.

Fig. 137. — *Boîte à musique* de Marie-Antoinette. Bijou de dessin et de ciselure où l'esprit français le dispute à l'antique avec une rare délicatesse de goût. A remarquer : les griffons (panneau du milieu, au bas) dont les ailes singulièrement enroulées à la pointe seront si en vogue sous le premier Empire; les rinceaux en place de balustres, dans la galerie à jours du haut. Il n'est pas jusqu'aux cariatides qui n'aient une finesse bien française. A leur base : la rosace rectangulaire et les pieds du meuble nombreux, cannelés. Louis XVI, désireux de sacrifier aux goûts de Marie-Antoinette pour la musique, condescendit jusqu'à l'automatisme. C'est ainsi qu'en dehors de la boîte à musique ici représentée (voir également celle qui figure comme entête du chapitre VIII), on peut voir au Conservatoire des Arts et Métiers à Paris, un petit automate datant de 1772 qui représente une petite femme jouant du clavecin, au quart de grandeur naturelle. Ce jouet fut offert, dit-on, par le roi à la reine. Il suffit de pousser un bouton pour que la claveciniste se mette à jouer. A propos du clavecin dont voici venir le déclin, il ne faut pas oublier les succès obtenus par Jean-Jacques Rousseau et le fameux Garat, sur cet instrument.

Fig. 138. — *Urne-vase*, porcelaine et métal, ce dernier disposé en bandes onduleuses, d'un effet curieux et charmant. Les anses, surtout dans leurs crosses, commencent à se styliser dans le goût du premier Empire mais la feuille d'acanthe triomphe toujours, ainsi que les perles.

Fig. 139. — *Biscuit de Sèvres*. Un groupe d'un symbolisme imprécis, tient un médaillon où l'on reconnaît les profils de Louis XVI et de Marie-Antoinette. Un génie — de la paix — sans doute (à cause du rameau d'olivier) mais, on ne saisit pas le caractère de la jeune femme. Au bas, des Amours s'apprêtent à couronner de fleurs l'autel sur lequel repose le médaillon enrubanné. Sujet gracieux, d'une mythologie édulcorée comme il y en eut tant à l'époque.

Fig. 140. — *Bonbonnière.* Les bonbonnières désignent une de ces nombreuses boîtes (à poudre, à mouches, à savonnette, à tabac, etc.), qui foisonnèrent au xviiie siècle. Auparavant, on disait des *drageoirs*. Les bonbonnières (comme les autres boîtes) furent d'une magnificence sans égale à cette époque. Il y en eut en or, en argent, en buis, en écaille, enrichies d'émaux, de camées, de pierres fines, de miniatures, etc. Des diamants même les ornèrent. « On mesurait le luxe d'un seigneur au nombre et à la richesse de ses boîtes. » Notre bonbonnière porte sur son couvercle, une miniature.

Fig. 143. — *Vase de Sèvres.* Sur les flancs du vase, encadré de rameaux de laurier attachés au sommet par un ruban : un sujet pastoral. L'harmonie du vase est rose et bleue. Le sujet est peint dans les couleurs naturelles.

Fig. 144. — *Montres.* Les montres au xviiie siècle,

de même que les boîtes, étaient enrichies de pierreries, de roses et de diamants, de perles et de rubis, etc. Un sujet en émail dans le goût de ceux que nous donnons, ornait le boîtier de ces montres que des breloques finement ciselées, maintenaient. Breloques larges aussi luxueuses que les montres, qui pendaient hors du gilet chez les hommes et dépassaient la ceinture chez les femmes, accompagnant la marche, de leur cliquetis. Les montres représentées à la figure 147 datent de la fin de Louis XVI, leur décor s'altère, leur richesse également est moindre.

Fig. 145. — *Tabatière*. Voir plus haut ce que nous disons à propos des bonbonnières et autres boîtes. Sur la boîte à tabac de notre gravure, une miniature : le portrait de Louis XVI. L'écaille blonde et l'or président à la conception de ce bijou, dont la forme ovale est singulièrement contrariée par un autre ovale (celui qui renferme le portrait) inscrit dans un sens opposé.

Fig. 146. — *Biscuit de Sèvres* représentant la fable charmante de *Pygmalion et Galatée*, d'après Falconet. Le sculpteur Pygmalion voit s'animer son œuvre, la statue d'ivoire dont Vénus l'avait rendu éperdûment amoureux et qu'il avait intitulée Galatée. Falconet dont nous donnons d'autre part la *Baigneuse* (*fig.* 38), semble résumer le style de la beauté physique chère au XVIIIe siècle. Petite tête, torse mince et partie inférieure très développée. Une rondeur, une grâce et une délicatesse générales, qui rappellent la manière de Jean Goujon avec plus de volupté. En regardant la *Baigneuse* et la figure de Galatée, on saisit vraisemblablement l'esthétique féminine de cette époque où l'esprit de l'antique sut se « franciser » de si heureuse façon.

Fig. 149. — *Costume d'homme* (collection F. Castanié); habit en soie brodé d'œillets et de palmes, boutons d'acier. Gilet blanc en satin, brodé de fleurs, culotte de velours à pont. L'habit est doublé de satin blanc.

Fig. 150. — *Costume d'homme* (collection F. Castanié); habit en soie rayée et brodée, gilet de même tissu que l'habit.

Fig. 151. — *Costumes de femme* (collection F. Castanié). Etoffes à raies et à fleurs, en soie claire.

Cul-de-lampe du chapitre I. Deux amours aux ailes de papillon supportant une corbeille de fleurs, dans un envol de draperies. Sujet gracieux, dernier vestige de l'art de Boucher qui marque le reste de la sentimentalité du délicieux XVIIIe siècle.

Entête du chapitre II. Délicat rinceau, rénové de l'antique, « à la française »; l'acanthe gréco-romaine mêlée de roses, rafraîchit par cet accord de la vie et du parfum, la sécheresse du feuillage stylisé.

Nota bene : ne pas confondre les motifs dit rinceaux avec l'ornement de ce nom placé à la base du tablier des meubles (secrétaires, commodes, armoires, etc.).

Cul-de-lampe du chapitre II. Deux petits oiseaux, malaisés à qualifier avec leur collier de fleurs, se becquètent dans le feuillage; cela change des tourterelles mais l'esprit est le même : toujours de la sentimentalité.

Entête du chapitre IV. Cor, carquois, lances, associés à un feuillage de chêne dont les rameaux sont attachés par des rubans. Trophée de chasse primitive. Au milieu du motif : une console.

Entête du chapitre VI. Rinceaux partant d'un culot (ou motif central). A l'extrémité des volutes : une rose et d'autres fleurs vivantes dans le feuillage stylisé, stérilisé.

Cul-de-lampe du chapitre VI. Tête de lion singulièrement dénaturée dans le goût décoratif des artistes de la Renaissance.

Entête du chapitre VII. Motifs décoratifs : figure drapée à la grecque; trophée ou figurent des glaives et un bouclier romains, un aigle, parmi un feuillage de chêne. A l'extrémité de cet arrangement décoratif des chalumeaux attachés par un ruban terminé par un gland. Trépied antique où l'on remarque des têtes de bélier, l'enlacement d'un serpent, et, au bas du sujet : le motif grec très fréquent dit *postes*.

Cul-de-lampe du chapitre VIII. Motif de feuilles d'acanthe délicatement modelé en forme d'ailes.

Cul-de-lampe du chapitre IX : *lampe antique*. Tête d'aigle terminée par un feuillage d'acanthe. Feuilles de laurier sur le couvercle, torsades, cannelures.

Entête du chapitre X. Trophée héroïque à l'antique : casques à plumes, drapeaux, lances, branches de chêne.

CHAPITRE XII

Terminologie

Une brève terminologie, enfin, viendra corroborer les explications qui n'ont pu prendre place au chapitre précédent.

A

Acanthe. Plante très décorative qui inspira le chapiteau corinthien. Les artistes grecs imitèrent plutôt l'acanthe sauvage et les Romains l'acanthe molle.

Accotoir. Dans un fauteuil, l'accotoir repose généralement sur une console ; son extrémité s'appelle *tête* et le bras : *manchette*.

Accoudoir. Partie d'un fauteuil où s'appuie le coude. On dit aussi bien le bras.

Alcôve. Enfoncement ou cadre dans lequel on place un lit.

Aplomb. Qualité de ce qui est perpendiculaire au plan horizontal.

Arabesque. On appelle arabesques, des ornements d'une fantaisie légère et gracieuse, très usités chez les Arabes ; mais ces ornements composés de fruits, de fleurs et d'animaux mêlés et entrelacés, se rencontrent dans la plus haute antiquité et chez tous les peuples. Les arabesques atteignirent à leur plus réelle perfection, sous la Renaissance, grâce surtout à Raphaël.

Architrave. Partie inférieure de l'entablement, entre la frise et le chapiteau.

Asperge. Nom vulgaire donné à un motif ou à plusieurs, qui surmontent les « chandelles ». Les « chandelles » sont les ornements en forme de tubes, insérés certaines fois dans les cannelures.

Attique. Etage supérieur d'un monument qui orne ou en dissimule le toit. Partie de la cheminée revêtue de plâtre partant du chambranle pour aboutir à la première corniche.

Attribut. Les attributs sont des ornements décoratifs qui personnifient soit une chose, soit une idée.

Axe. Ligne droite symbolique qui régit la symétrie, l'ordonnance d'une composition.

B

Baguette. Fine moulure.

Baldaquin. Petit dôme placé au-dessus d'un lit, vulgairement appelé ciel de lit.

Balustre. Petit pilier de diverses formes qui, par sa succession, constitue une espèce de balustrade à claire-voie.

Bandeau. Moulure ou partie plate et large, d'une cheminée, par exemple, située de front horizontalement. Une étoffe peut aussi bien servir de bandeau à une cheminée (Voir chambranle).

Base. Partie inférieure d'une colonne, piédestal.

Bas-relief. Motif de sculpture de peu de saillie, engagé dans un fond. La sculpture en ronde-bosse est le contraire du bas-relief; sa forme libre, est visible sur tous ses côtés.

Bergère. Fauteuil dont le siège est garni d'un coussin moelleux indépendant du meuble.

Biscuit. Pâte de porcelaine blanche, qui sert à mouler des statuettes. Une fois cuites, ces statuettes avec leur ton mat, ont l'aspect du marbre. On dit des biscuits de Sèvres, de Saxe, etc.

Bras. En dehors du bras de fauteuil, il y a le « bras » ou chandelier à une ou plusieurs branches, que l'on accroche au mur. On dit aussi le bras d'un candélabre, pour désigner une de ses branches.

Brocart. Riche étoffe à grands dessins brochée d'or ou d'argent, originaire de l'Orient.

Brocatelle. Même tissu, mais à petits dessins.

Broché. Etoffe sur laquelle sont tissés des motifs détachés et en relief sur le fond.

C

Cadre. Charpente de bois entourant une alcôve ; bordure d'un cadre, d'un panneau, etc. Harmonieusement placé : dans son son cadre.

Camée. Pierre fine gravée en relief ; si le camée est gravé en creux il est dit : intaille. Les camées antiques sont réputés, ils étaient faits principalement sur des sardoines ou des agates-onyx.

Cannelure. Moulures en forme de canneaux. Le Louis XVI cumule les cannelures verticales, horizontales et en spirale.

Cariatide. Figure féminine qui, dans l'architecture et dans le meuble, remplace les colonnes.

Carreau (à). A dessins de forme carrée. Le carreau au XVIe siècle était le coussin. On appelle aussi fauteuils à carreau, des fauteuils à modèle carré.

Cartel. Boîte de pendule (et cette pendule elle-même), s'appliquant au mur.

Cartisane. Petit morceau de parchemin qui, recouvert d'or et de soie, donnait le relief dans certaines broderies.

Cartouche. Champ de pierre, de métal, de bois, etc., sur lequel on grave des inscriptions, armoiries, etc. Les petits cartouches portent le nom de *cartels*.

Cassolette. Vase d'où semblent s'échapper des flammes, réchaud où l'on faisait brûler des parfums.

Châlit. Charpente sur laquelle reposent les matelas d'un lit.

Chambranle. Encadrement des portes, fenêtres et cheminées. On dit aussi le *bandeau*.

Chandelle. Motif décoratif qui s'insère dans une partie des cannelures (voir *asperge*).

Chapeau (à). Forme de dossier de fauteuil dont la courbe, à l'extrémité supérieure, offre brusquement un décrochement, à droite et à gauche, près des montants.

Chapelet. Moulure composée de grains alternant la perle avec l'olive, ou bien ne comportant que des grains ou des olives.

Chapiteau. Couronnement ou tête d'une colonne, d'un pilastre (voir ce mot). Il y a un chapiteau pour chaque ordre classique.

Chute. Ornement en métal ciselé qui orne les angles d'un meuble en bois, à la hauteur de la tablette.

Cimaise. Moulure qui termine la corniche à son extrémité supérieure

Cintre. Courbe donnée à une voûte, à une arcade, à quelque ligne et matière que ce soit.

Composite. De fantaisie, pour ainsi dire.

Composition. Arrangement décoratif plus ou moins harmonieux.

Console. Pièce saillante et ornée qui supporte une corniche, une statue, une colonne suspendue, etc.

Corniche. Ensemble de moulures qui couronnent un corps architectural, porte, meuble, etc.

Coupole. Partie concave d'un dôme, d'une voûte sphérique.

Cramoisie (étoffe). De couleur rouge foncé très vive.

Croisillon. Petite traverse en bois qui divise une croisée en plusieurs parties, permettant l'illusion des verres de grande dimension, alors que l'on ne pouvait encore en fabriquer de tels.

Crosse. Motif recourbé en forme de crosse et terminé par des feuilles enroulées.

Crossette. Décrochement ménagé à l'extrémité d'un chambranle.

Culot. Ornement d'où partent des rinceaux et des feuillages.

Cylindre (bureau à). Bureau dont le tablier est arrondi.

D

Damas. Tissu de soie, à ramages, dont les dessins ton sur ton sont satinés sur un fond, façon taffetas, légèrement à relief. On fait aussi des damas de laine.

Décrochement. Brusque interruption de l'élan d'une courbe.

Dépouille. La dépouille de lion est un motif décoratif représentant la peau de cet animal.

Dessus de porte. Ornement placé au-dessus d'une porte.

Diorite (orbiculaire). Roche d'origine éruptive, où des sphéroïdes à structure radiée, également distribuée, offrent des dessins d'une grande beauté après coupe et polissage.

E

Ecoinçon (étagères en). Etagères pouvant s'adapter dans l'angle de deux murs.

Email. Matière vitreuse colorée par des oxydes métalliques, avec laquelle on fait de riches peintures.

Engagée (colonne). Colonne pour ainsi dire en bas-relief (voir ce mot) au lieu d'être rondebosse.

Entablement. Ensemble composé de l'architrave, de la frise et de la corniche. (Voir ces mots.)

Entrée (de serrure). Motif décoratif ornant le trou où s'insère la clé.

Entre-jambes. Motif de charpente orné qui, vers la base, solidarise les pieds d'un meuble entre eux.

Entrelac. Ornement qui consiste en enroulements et arabesques variés.

Espagnolette. Ferrure qui, fixée à un châssis de fenêtre, ferme à la fois les deux châssis en s'accrochant au second.

Esthétique. Art qui traite de la Beauté pure et de ses rapports avec les sentiments de l'âme.

F

Feston. Feuilles, fleurs, branchages enroulés en torsade, en petites guirlandes.

Feuille. Stylisation de feuillage : feuilles d'eau, de persil, etc.

Figure. Ensemble d'un personnage. On dit un paysage avec une ou plusieurs figures, c'est-à-dire à un ou plusieurs personnages. Une figure nue est une académie.

Filé (or). Fil d'or (ou d'argent) dont on entoure un fil de soie ou de lin.

Filet ou **listel.** Petite moulure plate qui sépare deux membres d'architecture plus importants.

Fleuri (style). Style orné.

Fleuron. Ornement en forme de fleur.

Frise. Partie supérieure de l'entablement entre l'architrave et la corniche (voir ces mots). La frise placée entre des triglyphes (voir ce mot) s'appelle métope et, d'une manière générale, la frise désigne toute bande continue, ornée ou non, sur une surface plane.

Frisé (or). Les brodeurs enrichissaient autrefois les draps d'ornements métalliques, d'or et d'argent, frisés. Cette frisure donnait au métal l'aspect de spirales formées par de petits cylindres creux qui, assemblés en cordon, représentaient des dessins, lorsqu'ils ne recouvraient pas l'étoffe tout entière. Il y avait des étoffes à plusieurs frisures et celles-là étaient les plus belles.

Fronton. Front d'un édifice, d'un meuble.

Fût. Corps d'une colonne.

G

Gaine. Support qui va en s'amincissant de haut en bas, sur lequel on pose des bustes, des pendules, etc. L'horloge à gaine est une horloge contenue dans un cadre en bois.

Galbe. Renflement, élargissement ou évasement gracieux.

Galerie. Balustrade à jours composée de petites arcades, de balustres, etc.

Girandole. Chandelier à plusieurs branches.

Gondole (en). Siège « en gondole », c'est-à-dire dont le dossier est arrondi.

Gouttes. Petits cônes tronqués, plutôt en relief qu'en creux, qui caractérisent le style dorique. On les voit notamment sous les triglyphes.

Gros (de Tours et de Naples). Sorte de taffetas à gros grain, uni et plus épais que le taffetas ordinaire. On le fabriqua d'abord à Naples, puis à Tours.

Grotesques. Figures et ornements d'une fantaisie déréglée, poussés jusqu'à la caricature.

Guillochis. Ornements composés de traits qui se croisent symétriquement.

I

Imbrications. Ornements disposés les uns sur les autres à la manière des écailles d'un poisson.

Imposte. Sommet dormant (c'est-à-dire immobile) d'une fenêtre, ou petite fenêtre placée au-dessus d'une porte.

Incurvé. C'est-à-dire courbé de dehors en dedans.

Indienne. Étoffe de coton peinte qui autrefois se fabriquait seulement dans l'Inde.

J

Jambages. Montants verticaux qui soutiennent la tablette horizontale d'une cheminée.

Jaspe. Pierre colorée par bandes et par taches, de la nature de l'agate.

Joue. Partie d'un meuble (fauteuil, canapé) comprise sous l'accoudoir, entre le dossier et la console du bras. La joue est dite ouverte (non tapissée) ou fermée.

Jouy (toile de). Étoffe imitée de celles dites Indiennes (voir ce mot), manufacturée autrefois à Jouy-en-Josas par Oberkampf.

L

Lampas. Soieries orientales à grands ramages en relief, d'une couleur différente de celle du fond du tissu. On a donné aussi ce nom à des toiles peintes indiennes provenant de la région du Coromandel.

Landier. Grand chenet de fer, en usage surtout au moyen âge.

Laque. Vernis importé de Chine et du Japon, dont l'application, précédée de nombreux polissages et de séchages réitérés, est d'un bel effet décoratif.

Ligne. Beauté ou laideur qui résulte d'un tracé harmonieux ou non, des contours. Une belle ligne, une vilaine ligne.

Linteau. Pièce de bois ou de toute autre matière qui forme la partie horizontale et supérieure d'une porte, d'une cheminée, etc.

Listel. Sorte de moulure carrée ou de bande étroite.

Losange. Parallélogramme dont les quatre côtés sont égaux sans que les angles soient droits.

M

Marqueterie. Art qui consiste à composer des dessins de diverses couleurs, à l'aide de pièces rapportées, en bois, métal, ivoire, etc., sur de la menuiserie.

Matière. Substance plus ou moins noble qui préside à l'exécution d'une œuvre.

Méandre ou Grecque. Entrelacement de lignes droites se brisant et se coupant à angle droit.

Modelé. Indication des reliefs d'un dessin, d'une peinture, d'une sculpture, selon les valeurs ou nuances de la lumière et de l'ombre.

Molet. Sorte de frange pour garnir les meubles.

Montant. Pièce de bois ou de toute autre matière, posée verticalement, servant de soutien à quelque autre partie mobile.

Motif. Sujet ou prétexte d'inspiration.

Moulu (or). Or doré au mercure suivant un mode particulier.

Moulure. Saillie uniforme décorée ou non qui orne la construction, l'ébénisterie, etc.

O

Ordres. Disposition-type d'architecture classique, qui comprend les ordres grecs dits : dorique, ionique et corinthien et les ordres romains : composite et toscan.

Oves. Ornements en forme d'œuf qui sert à décorer les moulures, les chapiteaux.

P

Pan. Face d'un corps polyédrique. Pan *coupé.* Surface qui remplace l'angle à la rencontre de deux pans de mur.

Panneau. Surface plane d'un objet d'architecture d'un meuble.

Patine. Coloration imprévue et très avantageuse donnée par les ans ou provoquée artificiellement.

Pékin. Étoffe de soie peinte rayée ou ornée de fleurs que l'on ne fabriquait autrefois qu'à Pékin.

Pendeloque. Morceau de verre ou de cristal taillé en poire et qui pendait à des girandoles, à des lustres.

Perles. Petits grains ronds. *Perles et pirouettes.* Chapelet composé de corps ronds et ovales.

Perse. Sorte d'étoffe peinte ou d'indienne que l'on croyait fabriquée en Perse et qui venait de l'Inde.

Piédouche. Petit piédestal qui supporte de menus objets, vases, bustes, etc.

Pilastre. Colonne rectangulaire ou carrée le plus souvent engagée dans le mur.

Placage. Ouvrage d'ébénisterie (ou de menuiserie) qui consiste à coller une feuille de bois précieux sur un bois épais sans valeur.

Postes (ou chiens courants). Ornements représentant des séries d'enroulements soit simples, soit fleuronnés.

R

Rais de cœur. Ornements formés de fleurons et de feuilles d'eau.

Rapport (bois de). Bois de différentes couleurs destiné à la marqueterie.

Rigide (support). Support raide, peu flexible.

Rinceaux. Ornements en forme de branche ou de feuillage recourbé.

Rinceau. Ornement métallique placé à la base du tablier des meubles, en saillie ou non.

Rocaille (style). Mode d'ornementation propre à la Régence, qui consistait en la représentation de grottes de coquillages, de rochers. Par extension, on dit un meuble « rocaille » pour désigner un meuble ainsi orné.

Rosace. Ornement logiquement en forme de rose, mais tout aussi bien rectangulaire ou carré.

S

Sabot. Ornement métallique qui pare les pieds des meubles à leur base.

Socle. Petit piédestal.

Spirale (en). Cannelure en spirale, c'est-à-dire tournant autour d'une forme cylindrique.

Stries. Petites cannelures ou sillons parallèles. Cannelures avec listel (voir ce mot) qui décorent des colonnes ou des pilastres.

Styliser. Chercher une formule décorative pure et synthétique.

Symétrie. Ordonnance pondérée, juste équilibre.

T

Tablette. Planche, feuille de marbre, etc., placée horizontalement et à plat sur des montants ou jambages verticaux, sur le chambranle d'une cheminée, etc.

Tablier. Partie centrale d'un buffet, d'un secrétaire, etc.

Torche. Flambeau d'hyménée brandi allégoriquement par l'Amour.

Tore. Moulure ronde d'une colonne.

Torsade. Moulure, frange tordue en spirale.

Transition (style de). Style incertain, éclos entre un style qui s'achève et un autre qui commence.

Trophée. Objets divers réunis en faisceau.

Trumeau. Espace d'un mur compris entre deux fenêtres. Glace, tableau qui occupent cet espace.

U

Usés (émaux). Emaux amenés à leur point de perfection par un frottement minutieux qui les usait, non en les rayant ni en les fatigant, mais en leur donnant un charme particulier.

V

Vantaux. Battants de porte.

Ventru (meuble). Meuble bombé. Les meubles « à cylindre » sont ventrus.

Vertugadin. Sorte de bourrelet que les femmes portaient autrefois sous leurs jupes, pour enfler le volume de leur taille.

Volume. Mesure, grosseur des masses, des proportions.

Volute. Enroulement en spirale.

Voussure. Courbure d'une voûte.

TABLE DES MATIÈRES

TOURS. — IMP. DESLIS FRÈRES ET Cie, 6, RUE GAMBETTA. 7 19

www.ingramcontent.com/pod-product-compliance
Ingram Content Group UK Ltd.
Pitfield, Milton Keynes, MK11 3LW, UK
UKHW020311230726
13925UKWH00002B/345